ANDERS INDSET
WILDES WISSEN

KLARER DENKEN
ALS DIE REVOLUTION ERLAUBT

Campus Verlag
Frankfurt/New York

Die Originalausgabe erschien erstmals 2017 unter dem Titel *Wild Knowledge – Outthink the Revolution* bei LID Publishing Ltd., London, UK.
© Anders Indset
© LID Publishing Limited, 2017
First published in the English language by LID Publishing.

ISBN 978-3-593-51117-7 Print
ISBN 978-3-593-44240-2 E-Book (PDF)
ISBN 978-3-593-44241-9 E-Book (EPUB)

Das Werk einschließlich aller seiner Teile ist urheberrechtlich geschützt. Jede Verwertung ist ohne Zustimmung des Verlags unzulässig. Das gilt insbesondere für Vervielfältigungen, Übersetzungen, Mikroverfilmungen und die Einspeicherung und Verarbeitung in elektronischen Systemen. Trotz sorgfältiger inhaltlicher Kontrolle übernehmen wir keine Haftung für die Inhalte externer Links. Für den Inhalt der verlinkten Seiten sind ausschließlich deren Betreiber verantwortlich.
Copyright © 2019. Alle deutschsprachigen Rechte bei Campus Verlag GmbH, Frankfurt am Main.
Umschlaggestaltung: total italic, Thierry Wijnberg, Amsterdam/Berlin
Umschlagmotiv: © Anders Indset
Satz: Oliver Schmitt, Mainz
Gesetzt aus: DIN Next und Minon
Druck und Bindung: Druck und Bindung: Beltz Grafische Betriebe GmbH, Bad Langensalza
Printed in Germany

www.campus.de

Wildes Wissen

Anders Indset rockt die internationale Managementszene. Er ist gefragter Keynote-Speaker und einer der bekanntesten Wirtschaftsphilosophen weltweit. Indsets Kolumne »Anders gedacht« erscheint monatlich im *Handelsblatt*. Seinen Lebensmittelpunkt hat der gebürtige Norweger seit vielen Jahren in Frankfurt am Main.

INHALT

TEIL IV: *WERTE & EMOTIONEN*

TEIL V: *KLARER DENKEN, ALS DIE REVOLUTION ERLAUBT*

INTRO

Die Führungskräfte von heute brauchen die
Philosophie von gestern, gepaart mit der
Wissenschaft und der Technologie von morgen.

Wildes Wissen ist etwas Echtes, etwas Neues, etwas, über das niemand sonst verfügt oder noch nicht mit einem Preis versehen hat. Ist es aber erst einmal dokumentiert, repliziert und verbreitet, hat es keinen monetären Wert mehr, wenn die Technologie einsetzt und das Effizienzspiel unserer Nullkosten-Gesellschaft übernimmt.

Kapital – oder Cash – ist nicht länger King, weil wildes Wissen nicht gekauft werden kann. Die unbekannten Unbekannten – das, was wir erst im Nachhinein zu erklären versuchen, um es dann zu kopieren –, das ist es, wonach wir heute suchen. Wir müssen uns *jetzt* mit dem auseinandersetzen, was wir nicht wissen, was wir nicht erklären können oder wovon wir nicht wissen, dass wir es wissen.

Tausende von Jahren lang schien kaum etwas zu passieren. Niemand bemerkte den Wandel und die Veränderungen in unserem Leben, aber nur weil sie so langsam vor sich gingen. Zuerst kauerte der Homo erectus, später der Homo sapiens auf dem Boden, blickte zu den Sternen hinauf und fragte sich, worum es hier eigentlich geht. Im kantischen Stil fing die Menschheit an, sich Fragen zu stellen, und die Suche nach plausiblen Erklärungen begann: Was können wir überhaupt wissen? Was und wer bin ich? Was soll ich tun? Und worauf soll ich hoffen?

Erst als wir das Zeitalter der Aufklärung erreichten, nahm die Entwicklung Tempo auf. Wir fingen an, wissenschaftliche Instrumente zu ersinnen, um die Welt um uns herum zu erforschen, und dieses Verlangen nach Wissen wächst seitdem exponentiell. Vor uns liegt eine Reise, bei der wir ein »Upgrade« unserer Spezies anstreben. Wir werden mit neuen Herausforderungen konfrontiert und sie betreffen nicht nur die Geschäftswelt, sondern auch uns als bodenständige menschliche Wesen, unsere Gesellschaft und alles, was wir bisher erschaffen haben. Heute sind wir an einem Punkt angekommen, an dem jeder Aspekt unseres Lebens – unsere moralischen Richtwerte und alles um uns herum – von Technologie bestimmt wird. Das öffnet unsere politischen Modelle und kulturellen Strukturen für den unerbittlichen Angriff einer permanenten »Disruption«.

Unsere Zukunft, wie auch immer sie sich gestalten wird – letztlich jede Zukunft –, wird keine lineare Projektion der Vergangenheit sein. Die Herausforderung besteht darin, auszubrechen aus tief verwurzelten Denkweisen oder deduktiven Mustern, deren Schlussfolgerungen ausschließlich darauf beruhen, wie die Dinge sind oder waren. Um diesen Zustand infrage zu stellen, braucht es Vertrauen, Verletzlichkeit, Risikobereitschaft und den Mut, zu scheitern. Als »verstörend« werden dies manche bezeichnen, andere kategorisieren es als »Soft Skills«, für wieder andere ist dies etwas, das wir unbedingt vermeiden sollten. Dieses Herangehen ist aber notwendig, wenn wir zu neuen Paradigmen durchstoßen wollen, wenn wir neue Fragen stellen und das nächste Kapitel unserer unendlichen Reise nach nirgendwo aufschlagen wollen. Denn diejenigen, die zwischen den Paradigmen leben – jene, welche die Fähigkeit haben, das Verborgene zu sehen oder das Unbekannte zu erfassen –, finden wildes Wissen. Dies sind die erleuchteten Individuen, von denen wir lernen müssen, obwohl wahrscheinlich viele sie für »verrückt« halten werden.

Wir begeben uns mit diesem Buch auf eine Reise, um die Blaupause zu entdecken für die Schaffung von Modellen und einer Atmosphäre – einer Kultur, wenn man so will –, in der es möglich ist, Antworten auf verblüffende neue Fragen zu finden, die unser heutiges Verständnis von Realität in Zweifel ziehen und die vor allem eines tun: uns den Weg zu neuen Fragen ebnen. Es geht mir dabei um rückhaltlos offene Unternehmen und die Zukunft des Business. Um dahin zu gelangen, möchte ich dich mitnehmen auf eine Reise durch die Kunst der Philosophie, kombiniert mit meiner praktischen Erfahrung innerhalb der Wirtschaftswelt.

Beim wilden Wissen geht es letztlich darum, die Komplexität und die Frustration des Lebens im 21. Jahrhundert zu überwinden. Dieses Buch will dabei helfen, Veränderungen, Wissen, Ideen, Kreation, den Wandel von Wahrnehmung, Gefühlen und Emotionen besser zu verstehen. Es geht darum, ein »Mensch« zu sein, und darum, was das für uns bedeutet. Es geht darum, *nicht* zum Zombie, Roboter oder

Mensch wählt auf eigenen Werten + Moral
≠ Computer.

zum »Homo obsoletus«, zum »überflüssigen Menschen«, zu werden, sondern darum, unsere Sinneserfahrungen, unser Bewusstsein und Unterbewusstsein sowie unser Urteilsvermögen zu erkennen und all das auszubilden, was uns menschlich macht und von Maschinen unterscheidet. Das Wort »Mensch« bezieht sich auf das Sein des Menschen, aber in meiner Definition bedeutet es viel mehr. Es ist das Gegenteil von »Unmensch« – im Grunde der bewusste Prozess, innerhalb des eigenen mentalen Rahmens richtig oder falsch zu handeln. Zum Mensch-Sein gehört ebenso, unsere »fehltastischen« Seiten (unsere großartigen Fehler) zu erkunden. Ein Mensch ist also nicht »nur« ein Mensch, sondern er ist ein bewusstes Wesen, das aufgrund seiner eigenen Werte, moralischen Rahmenbedingungen und Bewusstseinszustände das Richtige anstatt des Falschen wählt – so komplex, so einfach. Es ist die Leere, das »Ich«, das Subjekt. Es ist das, was wir nicht greifen und definieren können – es geht um dich. Diesen einfachen Unterschied zu verstehen wird uns helfen, uns zu etwas Besserem zu entwickeln, und uns die Fähigkeit geben, Fortschritt und Veränderung tatsächlich zu genießen. Bist du ein Unmensch oder ein Mensch? Es ist diese einfache Frage, die wir uns stellen müssen, wenn wir unsere Wertesysteme hinterfragen.

Dies ist also ein frischer, neuer Ansatz, um Wirtschaft und Philosophie zu verbinden und praktische Philosophie in unseren schnelllebigen Zeiten anzuwenden. Es geht um das, was man fühlt, wenn man jemandem während eines Gesprächs in die Augen schaut, darum, sich Zeit zum Nachdenken zu nehmen, um die Wiederentdeckung der »verlorenen Kunst des Denkens«. Heute sammelt die Gesellschaft schneller Wissen an, als sie Weisheit erlangt. Diejenigen, die Erfolg haben, sind diejenigen, denen es gelingt, Strukturen zu erkennen und die Kräfte des wilden Wissens zu nutzen – jenes ungezähmte Gewirr aus Daten, Erlerntem und Erfahrungen, das in unserem Leben blüht und unseren Geist umtreibt. Dieses Buch ist der Versuch, die Türen zu dem zu öffnen, was wir tatsächlich wissen, Licht in das Unbekannte zu bringen und alles aufzudecken, was in unserer täglichen Tretmühle wegfällt und verloren geht. Das sind die Bereiche, von denen wir wissen, dass sie wichtig sind, die wir aber nicht verstehen; das sind die Dinge, die tatsächlich einen Unterschied bewirken können. Es geht um das Hier und Jetzt.

Heute braucht die Welt mehr denn je philosophische Kontemplation. Wir leben zu einem unglaublich schönen Moment, es ist vielleicht die aufregendste Zeit in der langen Menschheitsgeschichte. Während wir durch unser Leben eilen und nach dessen Sinn suchen, während wir gleichzeitig versuchen, die *Kunst des Lebens* zu meistern, sollte es uns auch wichtig sein, die *Kunst des Denkens* zu verstehen und zu beherrschen. Was ist es, das uns menschlich macht, das uns von den Maschinen unterscheidet? Was genau ist das, was einen Menschen ausmacht?

Wir lesen über Fortschritte bei der Entwicklung von Quantencomputern, über Fortschritte auf dem Weg zu Singularität und perfektem Wissen – aber allgemeine künstliche Intelligenz (AKI, auch volle oder starke KI genannt) und Roboter haben das Ruder noch nicht übernommen. Noch haben wir ein paar Jahre Zeit (aber nicht mehr viele), um einen Zustand zu erreichen, in dem wir Klarheit darüber erlangt haben, wohin uns diese Reise führen wird. Wir hoffen und warten auf ein neues Paradigma, in dem sich neue Antworten zeigen werden. Doch während wir unterwegs sind, erkennen wir, dass der Wandel nicht aufhören wird, er ist unendlich und seine Geschwindigkeit nimmt ständig zu. Wir stehen in gewisser Weise am Anfang der Unendlichkeit, bereit für unendliche Veränderungen und unendliches Wissen. Wir sollten uns bewusst sein, dass wir den Weg zur Unendlichkeit, zum unendlichen Wissen und zu neuen Möglichkeiten einschlagen – und wir sollten das akzeptieren.

Heute stehen wir vor der Frage, ob wir unser Leben optimieren mittels künstlicher Intelligenz. Dabei geht es nicht um künstliches Bewusstsein oder künstliche Gedanken, sondern um körperloses maschinelles Wissen. Werden wir mit der Technologie fusionieren? Natürlich werden wir das bis zu einem gewissen Grad. Wir machen Fortschritte bei der AKI, der Fähigkeit von Maschinen, »allgemeine intelligente Aktionen« durchzuführen beziehungsweise jene intellektuellen Aufgaben erfolgreich zu übernehmen, wie sie ein Mensch ausführen kann.

Quantencomputer werden bedeutende gesellschaftliche Veränderungen mit sich bringen, in wenigen Jahren sind sie so weit. Bald, vielleicht in 15 bis 20 Jahren, werden wir die Möglichkeit haben, die Rechenleistung eines menschlichen Gehirns zu kaufen. Achtung: Intelligenzexplosion!

Wie wäre es mit einem IQ von mehr als 1.500?! Wir wissen nicht, was uns in einem solchen Fall erwartet. Wir »biohacken« unseren Körper in Richtung dessen, was man »Transhumanismus« nennen könnte. Es gibt jedoch Grenzen. In nicht allzu ferner Zukunft gibt es möglicherweise Billionen von hyper-interdependenten Computern, die mit unserer Spezies verbunden sein werden, mit allen acht Milliarden von uns. Diese technologischen Durchbrüche werden kontinuierlich und exponentiell sein, aber wir sprechen von Rechenleistung und nicht vom Mensch-Sein. Es ist schließlich das Bewusstsein, das uns letztlich menschlich macht.

Die Herausforderungen für die heutigen Wissenschaftler und Futuristen bestehen darin, perfektes Wissen und Post-Humanismus zu erreichen. Der Fortschritt der Wissenschaft und das, was wir mit unseren neu gewonnenen Kräften und Kenntnissen tun wollen, wird ein Spiegel dessen sein, was wir als unseren moralischen Rahmen definieren. So wie wir Stein, Feuer und Bronze kultiviert haben, müssen wir auch Wege finden, um die heute von uns geschaffene Technologie zu zähmen.

Wir brauchen die Fähigkeit, zu beurteilen, welche Aspekte des zukünftigen Wissens auf die Wirtschaft und auf unser Leben im Allgemeinen anwendbar sind. Als Ausgangspunkt wollen wir feststellen, dass eine Tatsache (Wissen) etwas ist, worauf wir aufbauen, um Weisheit zu erlangen – bis dann plötzlich ein neues Gefühl dafür da ist, wie wir die Welt wahrnehmen. Aufgrund der Technologie, die uns heute zur Verfügung steht, und wegen der narzisstischen Suche nach Aufmerksamkeit, die wir überall um uns herum beobachten können, neigen wir dazu, alles zu glauben und alles Wissen zu teilen, das wir als Fakt nehmen und auf dem wir dann aufbauen. Dies hängt aber nicht unbedingt mit der exponentiellen Geschwindigkeit des Wandels zusammen, sondern vielmehr mit den Einschränkungen unseres Bewusstseinszustands und der Art und Weise, wie wir denken und was wir hinterfragen. Das zeigt genau das Fehlen dessen, was ich als »die Kunst des klaren Denkens« bezeichne. Mit den neuen medialen Systemen und den (anti-)sozialen Medien samt deren inhärenten Belohnungsmechanismen dafür, dass wir etwas in ihnen teilen, befinden wir uns in einem unangefochtenen Wissensstand. Wir haben eine fatale Informationsgesellschaft geschaffen – ein Phänomen, das ich als »bösartige Weisheit« bezeichnen möchte. Bösartige Weisheit wird von Menschen produziert, die von den Informationen, die sie weitergeben, zutiefst überzeugt sind und die dafür von ihrer eigenen selbstgerechten Gruppe gefeiert werden. Dies ist eine der größten Herausforderungen, vor denen wir als voneinander abhängige Gesellschaft stehen. Wir werden von den (anti-) sozialen Medien getrieben und in eine Welt der Möglichkeiten hineingesogen, die sich ständig in Richtung *höher*, *schneller* und *besser* bewegt. Vielleicht hat es noch nie eine Zeit des kälteren Narzissmus gegeben als heute, während wir gleichzeitig so offen, sozial und verbunden sind wie noch nie. Wir stehen mit anderen in Kontakt und sind gleichzeitig allein. Doch diese Art verbundener Einsamkeit ist nichts, wofür wir Menschen gemacht sind. Technologie hilft uns, unsere Gefühle zu erkunden und bewusst zu agieren, doch gleichzeigt schafft sie neue »unlösbare« Herausforderungen für unsere Spezies.

Dieses Buch ist, so hoffe ich, ein Denkanstoß für gefangene und frustrierte Systemdenker und Hardcore-Kapitalisten, die heute mehr denn je an ihrem Wissen zweifeln und zunehmend die Kontrolle verlieren. *Wildes Wissen* richtet sich an diejenigen, die das Gefühl haben, am Gate zu stehen, auf der falschen Seite des roten Absperrbandes, während die Rakete im Begriff ist zu starten. Dieses Buch ist aber auch für dich. Denn ich möchte dich dazu ermutigen, aufzusteigen und dich auf die Reise der Selbsterkenntnis zu begeben. Das ist nicht meine Reise, sondern deine. Ich möchte, dass du sie genießt, dass du das *Jetzt* lebst und ein Leben führst voller Neugierde und Hyper-Wissbegierde, erfüllt von lebenslangem Lernen.

Es geht in diesem Buch darum, wie man anders denkt, wie man die Kontrolle über das Chaos gewinnt und gleichzeitig mehr Chaos erwartet und akzeptiert. Es geht darum, immer mehr Veränderungen und immer turbulentere Umgebungen zu begrüßen, ohne dass diese Umwälzungen dein Leben kontrollieren. Chaos und Turbulenzen sind nicht negativ. Sie können eine Kraft sein – deine Kraft, deine Stärke. Die Welt ist chaotisch, das müssen wir akzeptieren.

In *Wildes Wissen* werde ich dir nicht sagen, was du denken sollst, oder so tun, als hätte ich alle Antworten parat. Stattdessen ist mein Ziel, dein Denken an sich zu beeinflussen, um dich zu befähigen, die Antworten und den Status quo auf dem Weg zu gemeinsamen Zielen infrage zu stellen. Lass uns Brücken, neue Ansichten und immer großartigere Möglichkeiten schaffen.

Dies ist deine aufregende Reise, auf der du das Spektrum der Bewusstseinsebenen durchwanderst und das wunderbare »Sein«, »Mensch« zu sein, erkundest. Es geht um die Wirtschaft, die Unternehmen und Unternehmer von morgen in Verbindung mit der verlorenen Kunst der Philosophie. Und es geht darum, wie *du* klarer denkst, als die Revolution erlaubt.

- Gefühle, Moral, Emotionen, die uns von Computern unterscheid.

- Denken, Chaos und Strukturen erkennen
  -> Wildes Wissen ist nicht das aneinanderfüge. von Formeln, sondern die Entdeckung des Unbekannten, das aus Chaos entsteht und für das wir die Augen offen halten müssen, weil wir das ... halten, es zu sehen.

  ? Was passiert eigentlich gerade bei Corona? Ist chaotisch und unnachgesetze.

TEIL I
WILDES WISSEN

1. WILDES WISSEN UND DIE SUCHE NACH WEISHEIT

Die menschliche Existenz und das, was aus den vor uns liegenden Herausforderungen resultiert, hängt von einer Sache ab: Wissen. Oder genauer gesagt: von wildem Wissen. Gezähmtes Wissen, Dinge, von denen wir wissen, dass wir sie wissen, sind wichtig, aber das, von dem wir nicht wissen, dass wir es wissen, oder von dem wir nicht wissen, dass wir es nicht wissen – das wird uns helfen, auf diesem Planeten zu überleben.

Seit Hunderten oder sollten wir besser sagen seit Tausenden von Jahren denken und diskutieren wir darüber, was Wissen eigentlich ist. Die Fragen, was wir wirklich wissen können, haben zahlreiche wissenschaftliche Zweige hervorgebracht. Unsere Erklärungen haben uns von der griechischen Antike bis ins 21. Jahrhundert geführt. Noch heute lesen und hören wir, wie Wissenschaftler, Physiker und Philosophen ihre aktuellste Beschreibung dessen, was Wissen wirklich ist, präsentieren.

Aber ebenso können wir über die Wildheit des Wissens nachdenken und darüber, was es wirklich ist. Und im Kontext des Wissens können wir darüber diskutieren, was genau »wild« bedeutet. Doch persönlich glaube ich, dass die Nutzung und die Akzeptanz der Wildheit des Wissens eine sehr genaue Beschreibung dessen ist, was den

wildes Wissen → die Kombination aus Disziplinen,
nicht berechenbar + unstrukturiert.

Fortschritt für unsere Spezies bewirken wird. Es ist das Gegenteil von gezähmtem Wissen, das sich stabilisiert hat und in Algorithmen und Systeme übergegangen ist. Wildes Wissen ist jene Art von Wissen, das zu neuen Reaktionen und Wirkungen und schließlich zu zukünftiger Weisheit führen wird. Es ist das Unstrukturierte und Unbekannte, es ist das, was sich in den Zwischenräumen zwischen den verschiedenen Disziplinen befindet, mit dessen Hilfe wir schließlich das Neue definieren und vorankommen werden – und gleichzeitig die unlösbaren Herausforderungen meistern.

Es ist das unendliche Potenzial des Wissens, auf das wir hoffen und auf das wir uns verlassen. Es ist das Wissen, das uns geholfen hat, Technologien zu entwickeln und Fortschritte zu erzielen. Solange wir es wild sein lassen, haben wir die Chance, unseren Planeten zu retten, den ökologischen Zusammenbruch zu vermeiden und das vom Menschen organisierte Leben zu verlängern. Werden wir dabei erfolgreich sein? Nun, zumindest besteht eine Chance, denn beide Ergebnisse sind möglich: Wir können erfolgreich sein oder nicht. Es hängt alles davon ab, ob wir weiterhin Fehler machen, die wir zu beheben und zu adaptieren vermögen und aus denen wir lernen können – und jeden existenziellen Fehler, der vor uns liegen könnte, umschiffen –, und ob wir vermeiden können, all unsere Befugnisse und die Erörterung von Themen, die jenseits der Daten der Vergangenheit liegen, vollständig den Algorithmen zu überlassen. Das gegebene beziehungsweise alte (verpackte) Wissen sowie Informationen können nur als Ergänzung für die zukünftige Weisheit dienen. Wenn wir versuchen, das, was wir für unsere Realität halten, weiter zu verstehen, müssen wir die Kraft des wilden Wissens nutzen und unsere menschliche Intelligenz, unser volles Potenzial nutzen und mehr Bewusstsein und Aufmerksamkeit dafür entwickeln, wie die Dinge funktionieren. Mit anderen Worten: Wir stehen vor der Herausforderung, plausible Erklärungen zu suchen und unsere Welt besser zu verstehen.

In der Wissenschaft herrscht der Glaube vor, dass die Welt etwas ist, das wir interpretieren müssen – und wenn wir es schaffen sollten, unsere Fähigkeiten durch einen künstlichen Motor besser als mithilfe unseres Körpers zu steigern oder durch digitale Superintelligenz dank fortgeschrittener künstlicher Intelligenz, dann, ja dann wären wir in der Lage, alles zu erklären und universelle Wahrheiten aufzudecken. Aus meiner Sicht sind es eher unsere natürliche Dummheit, unser menschlicher Entdeckergeist und unser Urteilsvermögen, unsere Intuition sowie unsere Sinneserlebnisse, die uns weiterbringen, die uns helfen werden, Fortschritte zu machen und bislang verborgene Geheimnisse aufzudecken, als die bloße künstliche Intelligenz.

Wir betrachten die Welt als Ansammlung von Nullen und Einsen, als Daten und Informationsebenen. Aber sie ist mehr. Sie ist null und eins gleichzeitig. Können wir verstehen, was andere denken oder fühlen? Können wir verstehen, was sie sich wünschen? Wollen wir das überhaupt? Da die Technologie neue Möglichkeiten eröffnen wird, müssen wir uns fragen, in welcher Art von Welt wir wirklich leben wollen.

Wir können heute etwas wissen und es als Wissen definieren. Morgen wird es sich als falsch erweisen und das wird dann zum neuen Wissen. Wir haben uns langsam durch die Geschichte bewegt, haben dabei gute und schlechte Erfahrungen gemacht und mit verbesserter Technologie wird die Erforschung dessen, was wir sind, besser und komplexer. Alles ist miteinander verbunden und von unendlicher Reichweite. Die Welt ist chaotisch und die Akteure der Geschäftswelt und der Wirtschaft ganz allgemein sind äußerst komplex, weil es sich um Menschen handelt. Aus der Art und Weise, wie diese Spieler mit der Welt und der Technologie interagieren, erwächst das Wilde.

Aus diesen Gründen sollten wir nach mehr Stabilität streben und die Vergangenheit studieren. Wir sollten Daten und Informationen sowie abstrakte »richtige« und »intelligente« Daten – oder wie auch immer wir sie nennen möchten – sammeln. Wir sollten unser Verständnis für unsere Geschichte vertiefen sowie Freiheit und Kreativität für die Zukunft maximieren. Denn das, was wir heute wissen, könnte morgen ver-rückt sein – dann müssten wir unsere Weltanschauung daran anpassen. Die Potenzialität einzugrenzen und den fehltastischen Menschen in einen Käfig einzusperren würde eine deterministische, vordefinierte algorithmische Welt erzeugen. Das ist nicht das, was wir brauchen. Unsere Intuition und das menschliche Urteilsvermögen sind für den menschlichen Fortschritt unerlässlich. Wie halten wir dies wild? Durch Denken und Navigieren.

Dieses Buch ist jedoch keine philosophische Wanderung

innerhalb des philosophischen Zweiges der Epistemologie (jener Zweig der Philosophie, der sich mit der Theorie des Wissens beschäftigt). Zudem wird dieses Buch keine Auseinandersetzung über (universelle) Wahrheiten, Überzeugungen oder Rechtfertigungen von Wissen bieten.

Wildes Wissen ist ein kurzes Manifest, das Gedanken zu Business und Philosophie vereint und darüber nachdenkt, wie Unternehmen und Führungskräfte im 21. Jahrhundert erfolgreich sein können. Es ist ein Leitfaden für die Kunst des Wirtschaftens im 21. Jahrhundert. Es zeigt, wie wir mehr über die Beherrschung der Kunst des Lebens und der des Denkens durch die Anwendung praktischer Philosophie erfahren. In den folgenden Kapiteln werden wir unsere ersten Schritte machen, um alte Weisheit in die Tat umzusetzen und Philosophie praktisch und anwendbar für unsere täglichen Kämpfe in der Geschäftswelt zu machen.

Wir werden das Gehirn/den Geist, das Herz und den Körper der Organisation betrachten, die durch »Ideen & Magie« (Geist), »Fokus & Einfachheit« (Körper) und »Empathie & Werte« (Seele, Herz) repräsentiert werden.

Führung und die Kunst, Geschäfte zu machen, sind Dinge, die wir heute ganzheitlich sehen müssen. Wir müssen unseren Geist hinsichtlich unserer Wahrnehmung erkunden. Wir müssen uns mit dem befassen, was uns wirklich ausmacht, mit dem Leiden und der Liebe und auch mit dem Geist unserer Gesellschaft und damit, wie alles mit allem verbunden ist. Wir brauchen heute sowohl klügere als auch mutigere Leader, und nur wenn wir den menschlichen Faktor, die Essenz dessen, was es bedeutet, ein Mensch zu sein, nutzen können, werden wir Fortschritte erzielen. Wenn wir das Wissen dort lassen und halten können, wo es hingehört, also wild, nur dann werden wir es nicht entmenschlichen, sondern stattdessen eine Zukunft erschaffen, in der wir mit der Technologie, die wir jetzt kreieren, zusammenleben können.

Dieses Buch ist ein Versuch, die Essenz des Durcheinanders zu sortieren rund um die Themen, wie wir mit Ideen arbeiten, wie wir sie ausführen und sie vereinfachen, um ein besseres Verständnis von ihnen zu erhalten. Es geht um die Ethik und Emotionen in Wirtschaft und Führung und darum, wie man das Herz der Organisation kultivieren und fördern kann, es geht um das wilde Wissen und die Zukunft unserer Spezies.

2. WILLKOMMEN IN DER NEUEN REALITÄT

Ich bin davon überzeugt, dass man nur in kreativen Szenarien das Potenzial des »Mensch-Seins« wirklich ausschöpfen kann. Unsere heutigen kreativen Fähigkeiten entspringen daraus, Lösungen zu finden, Fehler zu machen und manchmal kläglich zu scheitern, bis schließlich Fehlerkorrekturen zum Besseren führen. Der Mensch ist »fehltastisch«. Wenn du ein Optimist oder ein Pessimist bist, liegst du unter Umständen falsch. In eines dieser beiden Extreme zu verfallen ist ein Fehler. Dennoch halte ich Optimismus für die tendenziell bessere Lösung. Alles andere wäre frustrierend, sodass das Leben einer Achterbahnfahrt mit mehr Tiefen als Höhen gliche. Um die Dogmen der Welt zu entlarven und zu bekämpfen, brauchen wir allerdings eine gewisse Portion Skeptizismus. Und um mögliche Zukunftsszenarios zu entwerfen, brauchen wir neue Fragen.

Ich möchte, dass du beim Lesen dieses Buchs immer wieder kurze Pausen einlegst, innehältst, nachdenkst und reflektierst. Geh raus und betreibe »lautes Denken«: Diskutiere mit anderen die Themen, die dich zum Nachdenken gebracht haben, und wirf die Fragen auf, die dir durch den Sinn schießen, wenn du fasziniert oder irritiert bist, dich provoziert fühlst. Dies ist ein Buch, in dem du

Heraklit → Kein Mensch steigt zwei mal in den selben Fluss.

ein paar Seiten lesen und dann in einen Dialog treten solltest. Diskussionen und lautes Denken helfen dir dabei, deine Gedanken zu klären und zu sortieren. Schreib mir eine Mail, diskutiere die Ideen mit deinem Partner, deiner Partnerin oder mit Kollegen. Das wird zu neuen Fragen und Gedanken führen, versprochen! Die einfache Kunst, Fragen zu stellen, kann und wird dein Leben verändern.

Wahre Weisheit findet man an Sweetspots,
die in aller Öffentlichkeit verborgen
liegen zwischen dem unbewussten Zustand
des gezähmten Wissens und dem bewussten
Zustand der umgesetzten Erfahrungen.

Noch bevor Sokrates seine Dialoge mit Platon führte, stand das Thema Veränderung auf der Tagesordnung. Der griechische Philosoph Parmenides war der Auffassung, dass man nichts wirklich ändern kann, dass Veränderung unmöglich ist. Er stand im Widerspruch zum Philosophen Heraklit von Ephesus, der glaubte, dass Veränderung das grundlegende Gesetz des Universums sei. Es gibt, so behauptete er, nichts Dauerhaftes außer der Veränderung (ein Zitat, das fälschlicherweise vielen anderen Quellen zugeschrieben wird).

Heraklits 2.500 Jahre alte Feststellung war noch nie wahrer als heute: »Kein Mensch steigt jemals zweimal in denselben Fluss, denn es ist nicht derselbe Fluss«, was nach der Überlieferung durch den Zuruf eines Schülers erweitert wurde: »... und es ist nicht derselbe Mann.« Das

CEO's sind Manager d. Wandels, also meist anderer.
Veränderung betrifft alle Bereiche d. Lebens.

Wort »Veränderung« prägt uns seitdem. Der italienische Diplomat, Politiker und Philosoph Niccolò Machiavelli ging einen Schritt weiter und legte mit seinem Buch *Il Principe – Der Fürst*, erschienen um 1515 – den Grundstein für das, was wir heute als »moderne Philosophie« bezeichnen. Heute, 500 Jahre später, steht Wandel ganz oben auf unserer Agenda.

»Veränderung« ist für jeden CEO ein lästiges Problem. Doch: *CEOs sind Gestalter des Wandels*, also willkommen in der neuen Welt. Noch eine Revolution? Noch mehr Disruption? 2.0., 3.0, 4.0 – hast du das verstanden?! All diese lästigen Buzzwords machen uns ganz verrückt. Veränderung ist heute etwas Normales, alles verändert sich und das ist auch das, was uns zukünftig bevorsteht. Wir wissen inzwischen, dass nichts dem Wandel entkommen kann. Wandel und Veränderung sind nicht nur auf IT oder Technologie beschränkt, sondern durchziehen jeden Aspekt unseres Lebens.

Das Gute daran: Wir können dies beeinflussen durch unser Denken und Handeln. Und ich glaube, genau das müssen wir tun. Wir brauchen neue Fragen, neue Modelle, denn, wie uns Marty McFly und Doc Brown in *Zurück in die Zukunft* gelehrt haben, wir sind am 21. Oktober 2015 in der Zukunft angekommen – eine andere Zukunft wird es nicht mehr geben und es liegt an dir und mir, zu improvisieren und zu gestalten, was noch kommen wird. Zukunft ist eigentlich ein Verb, etwas, das wir tun – im Grunde müsste es »zukünften« heißen. Der Wandel kommt so schnell, der Fortschritt ist so rasant, der Informationsfluss so unerbittlich, dass alles, was wir für die Zukunft vorhersagen könnten, tatsächlich nur ein Spiegel der Gegenwart ist.

Heute werden Philosophen überall gebraucht, in jeder Branche und in jedem Unternehmen.

Alles, was ich gelernt habe, zum Guten wie zum Schlechten, habe ich der Philosophie zu verdanken. Und ich denke, dass wir in die Philosophie zurückblicken müssen, um Konzepte für das Weltverständnis zu entwickeln, um bahnbrechende Arbeiten zu ermöglichen und Pionieren aller Bereiche die Welt zu Füßen zu legen, damit sie denken, forschen und analysieren und eine neue »Weltordnung« gestalten können.

Die wahren Veränderer sind heute nicht mehr Tech-Pioniere wie die Google-Gründer Sergey Brin und Larry Page; die heutigen Tech-Milliardäre der Silicon-Valley-Ära des Webs verstehen nicht einmal die Technologie oder die wahre Natur des Internets selbst. Niemand tut das. Niemand kann »die Digitalisierung« verstehen. Es werden auch nicht populistische Bewegungen oder Politiker sein (Politiker sind nur Manager – sie können den Wandel nicht initiieren), die den Wandel knacken. Wir sind derzeit Zeugen des Aufstiegs einer Generation von Hackern und sehen uns einem evolutionären Wandel in Kultur und Kreativität gegenüber. Schwärme junger Menschen sind die neuen Kräfte – und sie legen gerade erst los. Noch nie war die Kluft zwischen den knapp 20- und 40-Jährigen so groß wie heute. Menschen um die 40 sind frustriert von der digitalen Welt, die in ihren Taschen brummt und ihre Zeit frisst in der Ära des Individualismus und des exaltierten »Ich«. Die 20-Jährigen hingegen sind Einzelpersonen, die in erster Linie ein verbundenes Leben führen und den physischen Raum als sekundären Spielplatz für partizipative Kulturen sehen, an dem sie mit Ko-Kreation, Kreativität und Freude an den Lösungen von morgen arbeiten.

Die Philosophie der alten Welt hat vielleicht nicht Schritt gehalten mit der Geschwindigkeit von Wissenschaft und Technik, aber heute müssen wir diese Bereiche miteinander verbinden, das ist wichtiger denn je. Wir müssen die Schätze der Geschichte retten, die in aller Öffentlichkeit verborgen liegen, und sie mit den wissenschaftlichen Erkenntnissen und Technologien von morgen verbinden. Weisheit ist nicht etwas, das man haben kann, sie ist etwas, das man für immer sucht.

Heute verstecken sich viele hinter schicken maßgeschneiderten Anzügen und ihre Krawatten sind so festgebunden, dass sie kaum atmen können. Da ich der »älteren Generation« des 21. Jahrhunderts angehöre, verstehe ich den Druck, so auszusehen, als hätte man es drauf, und jederzeit Vertrauen und Souveränität auszustrahlen. Wir müssen kompetent wirken, sonst verlieren wir den Respekt anderer Menschen. Ein Manager sagte einmal zu mir: »Ich kann die Krawatte nicht ablegen. Ich würde meine Glaubwürdigkeit verlieren und meine Leute würden mir nicht mehr vertrauen.« Das war der Moment, in dem ich zu denken begann, dass die Welt ein bisschen außer Kontrolle

Weg von Schein des Äußeren (Anzug!, hin zu inneren Werten + mehr Neugier.

geraten ist und dass wir nicht so richtig gut darin sind, die Fehler in unserem System zu korrigieren. Eine Krawatte bewirkt Vertrauen? Natürlich nicht. In diesem frustrierten, lärmenden und tobenden, funky Socken tragenden Wesen befindet sich eine Person, die versucht, ihr wahres, authentisches Selbst zu finden. Der Mann wird von einem Gefühl des Machtverlustes aufgezehrt, weil er früher etwas wusste, das niemand sonst wusste, und er darum damals die Kontrolle hatte. Obwohl wir dieses Verhalten verstehen können, sollten wir es nicht tolerieren. Die größte Herausforderung für die männlichen Führungskräfte von 55 und mehr Jahren ist heute die Notwendigkeit, neugierig zu bleiben und zu lernen. Inkompetenz und Unkenntnis können ein Problem sein, aber Vertrauen und Respekt entstehen auf lange Sicht nicht dadurch, dass man sich eine Krawatte und einen maßgeschneiderten Anzug überstreift. Früher einmal wurden Macht und Autorität in Muskeln gemessen. Danach kam eine Zeit – und mit deren Denken schlagen wir uns heute noch herum –, in der Macht aus Information und Wissen erwuchs. In der Zukunft, in einer Ära der Beziehungen und der Gefühle, werden das Herz und die Seele die neuen Kräfte sein.

Unsere Eltern haben uns darin bestärkt, dass wir alles sein und tun können, was wir wollen. Das hat sich als schreckliche Freifahrt in Dummheit und Elend entpuppt, aber genau da sind wir gelandet. Aus Walt Disneys berühmtem Spruch: »Wenn du es dir vorstellen kannst, kannst du es auch tun« ist inzwischen ein: »Wenn du es tun willst, kannst du es tun« geworden. Und wir haben unsere

Träume und etwas, woran wir glauben können, verloren. Eine neue Herausforderung für uns alle ist darum die Suche nach einer Identität und einer Story, die Suche nach eine Leitidee, an der wir uns ausrichten können. Aber die neue Welt ist für viele nur eine Widerspiegelung der Vergangenheit: Sie erwarten, im selben Raum aufzuwachen, sich die gleiche Kleidung anzuziehen, auf der gleichen Straße zum gleichen Job zu fahren, die gleichen Aufgaben zu erledigen, um den nächsten Schritt auf der Leiter des Materialismus zu erklimmen. Sie denken, unsere Tage seien verplant – die Verspieltheit und die Freiheit seien weg. Jeder Tag bestehe darin, den gleichen Weg zu gehen, bis wir eines Tages unvermeidlich durch unsere Kinder ersetzt würden, die dann wahrscheinlich den gleichen Weg gingen …

Aber das wird sich in Zukunft ändern. Wir werden keine Arbeitsplätze im herkömmlichen Sinn mehr haben. Der Wandel wird zu einer aufgabenorientierten Welt führen, in der Projekte im Mittelpunkt stehen, die wir im Team ausführen. Kein Oben und Unten, sondern ein Vorn und Hinten. Du gibst etwas hinein, du bekommst etwas heraus. Die gesellschaftlichen und beruflichen Strukturen verändern sich und sehr wahrscheinlich müssen wir uns von dem Gedanken lösen, dass wir einen »Job« haben. Zudem wird es künftig nicht mehr das eine authentische Ich geben, nach dem wir suchen – unsere Reise wird uns viel eher näher an die Rollen führen, die wir spielen, während wir versuchen, eine plausible Erklärung für die Welt zu finden.

Konsistenz in der Zukunft nicht vorhanden

Wir werden mehrere Rollen haben.

3. RÜCKWÄRTS DENKEN

»Das Leben wird rückwärts verstanden,
aber leben muss man es vorwärts.«
Søren Kierkegaard

Als junger Student der Kunst des Philosophierens kam ich zu der Erkenntnis, dass alle Gedanken und Situationen bereits viel tiefer ge-, er- und durchdacht worden sind, als ich es jemals schaffen könnte. Obwohl ich großen Respekt vor vielen modernen Denkern und Philosophen habe, war mein Ansatz nicht, den akademischen Weg einzuschlagen oder Professor der Philosophie zu werden. Stattdessen versuche ich, die Arbeit der Genies unserer Vergangenheit in die heutige (Geschäfts-)Welt zu überführen. Mir geht es darum, die Gedanken von Nietzsche, Kant, Hegel, Marx, La Rochefoucauld und anderen auf die Realitäten des 21. Jahrhunderts zu übertragen. Die Vorstellung, die alte Welt mit der neuen zu verbinden, die Sweetspots zu identifizieren oder die wichtigsten Erkenntnisse aus der Vergangenheit auf das Hier und Jetzt anzuwenden, ist aufregend. Was würden diese Genies denken, wenn sie unser technologisches Verständnis, unseren Zugang zu digitalen Netzen und den kumulativen Fortschritt von Wissenschaft und Forschung zur Verfügung hätten?

Denken = Simplifizierung

Die gefeierten Vordenker von heute legen Wert auf Analytik und versuchen, konkrete, greifbare Antworten für ein breites Themenspektrum zu finden. Das repräsentiert jedoch die oberen Ebenen des Denkens; dieser Ansatz bietet nicht den Tiefgang, den viele der Philosophen der Vergangenheit hatten. Das ist nichts Verkehrtes, denn wir brauchen heute beides. Auf den Genies der Vergangenheit aufzubauen – einige ihrer Gedanken zu kopieren und zu adaptieren – ist für mich ein sehr spannender Ansatz. Wenn wir zurückblicken und jenes Denken auf ein potenzielles zukünftiges Problem anwenden, sind wir – wenn wir dranbleiben – in der Lage, alle Antworten zu erhalten, die wir gesucht haben. Oder zumindest führt es uns zu dringend notwendigen neuen Fragen.

Vergiss alles, was du weißt und was du willst. Nur so kannst du Raum für neue Modelle, neue Ideen und Strukturen – für das Wilde – schaffen. Wenn wir uns genauer ansehen, was »Denken« bedeutet, stellt sich mir als Erstes die Frage: »Woher kommen Gedanken?« Was sind Gedanken? Wir denken über die Welt nach und sammeln Wissen. Wenn du denkst, dann findet es zwischen dir und der Welt statt, zwischen der Welt und dir. Es ist deine eigene subjektive Realität, die du auf Märkte, Fakten, Daten, Produkte, Dienstleistungen, Objekte, Strukturen, auf alles anwendest. So interpretierst du die Welt.

Wenn wir denken, dann bedeutet dies in den meisten Fällen eine Simplifizierung – wir vereinfachen unsere Weltanschauung, indem wir sie auf Modelle und Erklärungen herunterbrechen. Wir nehmen die Realität vor uns und übertragen sie auf bestehende Modelle, Strukturen und Kategorien. Alles, was wir in der »Realität« haben, beruht auf Geschichten. Diese Geschichten existieren nicht wirklich. Sie funktionieren nur, solange wir uns über sie einig sind oder bis jemand kommt und unsere Wahrnehmung ändert, dann entstehen neue Geschichten. Das Einzige, was wirklich echt ist, sind Dinge, die entweder leiden oder lieben können, alles andere beruht auf Geschichten. Wir sprechen zwar metaphorisch in Wirtschaft und Gesellschaft darüber, aber das wahre Leiden und Lieben kann nur von etwas mit echtem Fleisch und Blut erlebt werden – von jenen, die wir »Menschen« nennen.

Wenn man ein Stadion verlässt, nachdem man ein Fußballspiel angesehen hat, vereinfacht man das Spiel, weil nichts zwischen der Realität des Spiels, das man gerade gesehen hat, und einem selbst steht. Der Stürmer war gut, der Schiedsrichter war schlecht und so weiter. Dies gilt sowohl für die persönliche als auch für die geschäftliche Welt. Es ist eine angenommene Realität: Alles, was vor dir liegt, sind Daten, Informationen und Attribute. Wenn du mit anderen sprichst, dann merkst du, dass diese ihre eigene Vereinfachung haben. Es gibt keinen Unterschied in der Realität; der Unterschied besteht darin, wie jeder von uns diese Realität intern betrachtet, verarbeitet und versteht aufgrund seines individuellen, einzigartigen Gedankenprozesses.

Die Kunst des Denkens ist also wie ein Spiel, bei dem wir vereinfachen und anpassen oder neue Modelle und Strukturen für das schaffen, was wir extern wahrgenommen haben. Unsere subjektive Welt ist unser Spielfeld; hier werden

Das Erlebte wird in Geschichten wiedergegeben, aber es ist eine erlebte Geschichte – nicht die Realität.

die Spielregeln angewendet (zum Beispiel durch Denken). Hier legen wir unsere Taktiken und Strategien fest, um gut zu sein, gute Leistungen zu erbringen, erfolgreich zu sein und die Spiele des Lebens und der Wirtschaft zu meistern. Die vermeintliche Realität ist also da draußen, aber sie existiert nie wirklich in unserem Kopf; und wenn wir an die Welt denken, können wir nur unsere eigenen einzigartigen, individuellen mentalen Modelle vereinfachen und erschaffen. Im Wesentlichen läuft alles auf die eigene Vereinfachung der Realität hinaus: eine Vereinfachung der Welt selbst.

> Die Vereinfachung d. Welt in Gedanken.

Es gibt nicht die Realität.
vgl. Schopenhauer, dass wir das Wesen
des Baums nicht erfassen, weil wir
Erinnerungen daran haben (grün, Struktur etc.)

4. DIE MASCHINE & DAS ICH

Um im 21. Jahrhundert zurechtzukommen, müssen wir nicht nur die Geschichte studieren und aus der Vergangenheit lernen, sondern uns auch darüber Gedanken machen, in welche Richtung wir uns derzeit bewegen. In manchen Bereichen sind wir über die Dinge hinausgegangen, sodass wir sie jetzt nicht mehr kontrollieren können. Ungefähr die Hälfte der Menschheit hat derzeit Zugang zum Internet, es gibt selbstfahrende Autos, menschentransportierende Drohnen und praktisch unbegrenzte Information on Demand (IoD). Es scheint, als ob der beste Weg zur Steigerung von Effizienz und Produktivität heute darin bestünde, den »Bedarf« an Homo sapiens zu reduzieren. Was machen wir also? Wir sind dabei, einen digitalen Gott zu erschaffen und ein »Upgrade« für unsere Spezies zu kreieren, um selbst göttlich zu werden. Wir haben über »Gott« gelernt, dass die Idee, dass er »der Schöpfer« ist, aus der Vergangenheit stammt, aber vielleicht ist genau dies unser Irrtum. Vielleicht bewegen wir uns auf etwas zu, das wir als Gott definiert hatten – denn wir kreieren derzeit genau diesen Gott in einer Maschine (Deus ex machina), indem wir mit der Technologie verschmelzen, um Unsterblichkeit und ewiges oder zumindest kontrolliertes Glück und Göttlichkeit zu erlangen. Heute ist es sinnlos, zu streiten, ob der

Digitaler Super-Gott?!

Atheist oder der Gläubige recht hat. Es geht nicht um die Frage, ob es einen Gott gibt oder nicht. Heute stehen wir vielmehr vor der Frage, ob wir einen digitalen Super-Gott kreieren wollen.

Hast du schon einmal darüber nachgedacht, ob dich eine Maschine ersetzen kann? Was wäre, wenn dein Freund oder deine Lebenspartnerin nicht zu einhundert Prozent Mensch wäre? Im Moment betrachten wir die Verschmelzung mit Technik als Ergänzung oder Erweiterung unseres Selbst, dabei wissen wir nicht, welches das Resultat solcher Experimente sein könnte. Wir können nicht vorhersagen, was passieren wird. Wie der Unternehmer und Autor Peter Thiel es formulierte: »Starke KI ist wie ein kosmisches Lotterielos: Wenn wir gewinnen, bekommen wir die Utopie; wenn wir verlieren, ersetzt uns Skynet – es geht um unsere Existenz. (Sehen Sie sich die *Terminator*-Filme an).«

Der bahnbrechende Informatiker Alan Turing beschränkte die Beschreibung der KI vielleicht ohne Absicht, als er sie nicht mit Gedanken oder Verstand, sondern mit dem Prozess des rationalen Denkens verglich. Daraus entwickelte sich die Idee, dass Denken rechnerisch, rational und nach definierten, berechneten Mustern verläuft. Maschinen beherrschen das perfekt; sie können Regeln befolgen und logische Muster berechnen. Sie können das viel besser als wir. Die »Gedanken« von Computern können als rational und logisch beschrieben werden, auf Gründen beruhend und von strukturierter Formalität. Menschen hingegen denken anders. Ähnlich wie das binäre System können Neuronen im menschlichen Gehirn entweder aus- (0) oder eingeschaltet (1) sein. Zudem aber scheint es so, als könnten sie gleichzeitig 0 und 1 sein und sich zu zufälligen Mustern kombinieren; unser Gehirn und die Neuronen ähneln der merkwürdigen Welt der Quantenphysik. Es ist genau dies – das freie Assoziieren und Driften der Gedanken –, das meiner Meinung nach die Grenzen der Rechenleistung widerspiegelt. Es wirkt, als wollten Wissenschaftler den menschlichen Geist ausschließlich durch einen technologischen Ansatz replizieren. Obwohl ich den technologischen Fortschritt unterstütze und dort unglaubliches Potenzial sehe, muss man aber mehr als nur eine Seite betrachten. Wir müssen uns auch mit den Konsequenzen und den möglichen Risiken auseinandersetzen. Die Philosophie bietet uns Werkzeuge, damit umzugehen. Philosophie steht viel komplementärer zur Entwicklung der Technologie, als wir vermuten.

Deshalb beschäftigen wir uns mit zwei Fragen von philosophischer Implikation: Können wir Maschinenreplikate von uns selbst bauen und können wir uns in Maschinen verwandeln? Wir alle suchen nach technologischen Lösungen, um unser Leben zu verbessern. Ein Leben voller Freude, voller Kreativität und Schöpfung, das ist es, was wir wollen. Keine Hausarbeit, kein Ärger, keine unnötigen körperlichen Gebrechen. Aber wir verbringen sehr wenig Zeit damit, über die Folgen solcher Veränderungen nachzudenken. Gibt es Grenzen? Wie weit können wir gehen?

Ich glaube nicht, dass es eine Grenze gibt, aber ich bin überzeugt, dass das »Ich« – das Subjekt und das Bewusstsein – weiterhin mit uns sein Versteckspiel treiben wird, denn unser Gehirn funktioniert eben nicht nach Algorithmen. Wir müssen verstehen, dass wir auch in der »neuen Welt« Strukturen und Rahmenbedingungen sowie moralische Wertesysteme brauchen, um unseren Fortschritt zu unterstützen.

Heute forcieren und veröffentlichen wir das, was wir als Wissen bezeichnen, ohne unsere Bezugspunkte und Rahmenbedingungen infrage zu stellen. Deshalb wuchert es wüst. Die Absicherung des sozialen Status ist uns wichtiger als die Suche nach Wahrheit und Genauigkeit und wir suchen eine plausible Erklärung in einer Art »Rückspiegel-Logik«. Diesen Irrglauben nennen wir Begründungs- oder Rechtfertigungstheorie. Wir sind herausgefordert durch die rasante Geschwindigkeit des heutigen Informationsflusses und die Tatsache, dass wir das Konzept des Wandels nicht verstehen. Wir haben ein falsches Verständnis von Wissen; wir wollen dem gern eine Autorität entgegenstellen.

Die philosophische Suche nach der Bedeutung und der Definition von Wissen beschäftigt Denker seit Jahrtausenden. Doch sobald wir einer Definition näher kommen, entgleitet sie uns mit Gegenargumenten und unklaren Definitionen. Leser und Leserinnen, die mit der philosophischen Definition von Wissen vertraut sind, wissen, dass es hier nicht um die Grenzen des Wissens geht. Ich will also keine (neue) philosophische Definition oder einen wissenschaftlichen Ansatz zur Definition von Wissen vorlegen. Wie ich bereits sagte: Für mich ist Wissen die Grundlage, der Kern, ein subjektiver Standpunkt, der in unserem Blick auf die Realität und das Verständnis der Welt verwurzelt ist. Es ist das, was wir als »das, was wir wissen« definieren. Wir Menschen sind auf diesem Planeten auf der Suche nach weiteren Informationen und plausiblen Erklärungen für unser eigenes Leben, eine wunderschöne Reise nach nirgendwo, wenn man so will.

In gewisser Weise haben wir schon immer in einer Informationsgesellschaft gelebt und geglaubt, alle verfügbaren Informationen sammeln und »alles wissen« zu können. Im 20. Jahrhundert dauerte es rund 100 Jahre, bis sich alle Informationen der Welt verdoppelt hatten, aber bis 2020 wird sich die Gesamtzahl der Informationen der Menschheit alle sechs Stunden verdoppeln. Da ist eine Menge Müll dabei, ja, aber den gab es schon immer. Vergiss Big Data (wie groß ist das überhaupt?). Wir sollten lieber über Right Data sprechen – über relevante kleine Daten (Small Data) oder so etwas Ähnliches. Wissen bedeutet, sich über etwas bewusst zu sein und, wie beschrieben, Informationen zu besitzen. Bei Wissen geht es um Fakten und Ideen, die wir durch Studium, Forschung, Untersuchung, Beobachtung und Erfahrung (Leben mit offenen Augen und Ohren), durch Trial and Error, Stehlen und Kopieren dank unserer Sinneserfahrungen erwerben.

Wildes Wissen versteckt sich wie ein Geheimnis und wartet nur darauf, gefunden zu werden. Es ist eine Veränderung der Wahrnehmung; es ist das, von dem du nicht wusstest, dass du es weißt. Es sind die »unbekannten Erkenntnisse« oder sogar die »unbekannten Unbekannten«. Allerdings gibt es nicht nur ein einziges langfristiges Ziel, sondern mehrere parallel laufende Ziele und Herausforderungen. Das macht alles so aufregend und wild. Wildes Wissen ist das, was uns vorantreibt, es bewegt die Gesellschaft und es ist das, wonach Unternehmen so verzweifelt suchen – um sich anzupassen und »neue Denkweisen« zu finden.

Dank des heutigen technologischen und wissenschaftlichen Fortschritts organisieren wir unser Wissen immer schneller. Organisiertes Wissen ist das, was Wissenschaft eigentlich ausmacht; und die Wissenschaft wächst rasch. Weisheit hingegen zeigt, was du für dich selbst gelernt hast. Weisheit ist organisiertes Leben, und wo Wissen spricht, hört Weisheit zu. Weisheit ist die Fähigkeit, zu erkennen und zu beurteilen, welche Aspekte des Wissens wahr, dauerhaft, richtig sind und ob sie sich auf dein (organisiertes) Leben anwenden lassen.

Wir neigen dazu, das, was wir wissen (oder was wir glauben zu wissen), sehr ernstzunehmen, und das ist ein Problem. Es gibt viele Ansätze, um Weisheit zu beschreiben, und manche vertreten den Standpunkt, dass Weisheit nicht bösartig sein kann. Aber ein vorsichtiger philosophischer Ansatz gibt uns zu bedenken, dass es dennoch möglich sein kann. Bösartige Weisheit entspringt der Behauptung, dass du weise bist. Es ist die Falle des *wise-doom*, des Gegenteils von *wisdom*. Um es mit Shakespeare zu sagen: »Der Narr hält sich nicht für weise, aber der weise Mann weiß, dass er einen Narr ist.« Mit anderen Worten: Weisheit ist nicht etwas, das man hat, sondern etwas, das man sucht. Wenn du glaubst, dass du es hast, dann sei vorsichtig, dass es nicht ins Bösartige umschlägt und dich zerstört.

Es ist völlig okay, der eigenen Weisheit zu vertrauen, dem eigenen Wissen und den eigenen Fähigkeiten. *Übermäßiges* Selbstvertrauen jedoch lässt uns blind werden und bringt uns in Schwierigkeiten. Wir alle wissen, dass wir ohne jede Frage überdurchschnittlich gut sind. Werden wir nach unseren Fähigkeiten beim Autofahren gefragt, schätzen wir uns selbst als überdurchschnittlich gut ein und sind überzeugt, dass wir weniger Unfälle bauen als andere – das stimmt aber nicht mit dem überein, wie wir tatsächlich sind. Das Gleiche gilt für Ärzte und Professoren. Und je höher man in seinen jeweiligen Hierarchien klettert, umso mehr neigt man zur (maßlosen) Überschätzung. Wegen dieser Blindheit sind viele Menschen im wachsenden Maße gefährdet, durch die Technologie ersetzt zu werden, die der Fortschritt der Robotik hervorbringt.

Wir denken, dass Wissen eine Abkürzung zu Ruhm und Reichtum ist, eine wunderbare Sache, stabil, in greifbarer Nähe und ganz einfach zu erlangen, wenn wir uns nur ein wenig bemühen. Wir erhalten dadurch meist auch alles, was wir uns vorgestellt haben: Respekt, finanzielle Vorteile, ein erfolgreiches Leben. Aber wenn wir diese oberflächlichen Ziele erreicht haben, werden wir feststellen, dass es da noch sehr viel mehr gibt. Je mehr wir gewinnen, desto deutlicher wird uns bewusst, wie wenig wir wissen und wie wenig es eigentlich ums Gewinnen geht – ein frustrierender Zustand.

Gezähmtes Wissen ist austauschbar. Wildes Wissen aber bedeutet: Über je mehr gezähmtes Wissen wir verfügen, desto mehr werden wir in unserer Fähigkeit, Dinge zu verlernen und zu ignorieren, eingeschränkt sein. Die Fähigkeit, zu verlernen und zu ignorieren, gekoppelt mit einem Hauch Verspieltheit, das ist das, was wir brauchen, um wie Anfänger zu denken und neue Lösungen und Ideen zu entwickeln.

Eine weiteres Ding mit dem Wissens ist, dass wir bei dessen Erwerb nach einem Ende streben. Dieses Ende ist unser Ziel, aber die Wildheit und das tiefere Verständnis von Wissen sind in den blinden Flecken verborgen. Wahrer Erfolg liegt in den blinden Flecken, zwischen dem unbewussten Wissensstand und dem bewussten Zustand der Weisheit.

Es gibt ein paar Aspekte in unserer praktischen Erfahrung und in unserem theoretischen Wissen, die schwer zu erklären sind. Die Suche nach dem nächsten großen Ding kann durch die Schaffung sogenannter temporärer Monopole erfolgen. Und ja, die Zukunft wird erschaffen und erfunden werden; die Frage ist nur, von wem.

In Zeiten der Unsicherheit, des Chaos und der Volatilität, in denen wir versuchen, Wissen und das Unkontrollierbare zu kontrollieren, werden wir wahnsinnig, denn verpacktes Wissen wird etwas sein, das in der Maschine, in den Algorithmen steckt, und da können wir einfach nicht mithalten. Als »Mensch« kannst du dich entweder zurücklehnen und dich durchs Leben treiben lassen (oder gezogen werden) oder die Kontrolle über das »Jetzt« übernehmen und proaktiv den Kurs Richtung Fortschritt, Schöpfung und Veränderung einschlagen. Was wir heute brauchen, ist eine Revolution des Bewusstseins.

Auch wenn ich die Ansicht des altgriechischen Philosophen Heraklit teile, dass die einzige Konstante, die wir haben, die Veränderung ist, bleibt es trotzdem eine philosophische Frage, ob sich nichts oder alles ändert. Aber das bewusste »Ich« – unser Bewusstsein –, auch wenn unser freier Wille mit Sicherheit sehr begrenzt ist (wenn wir überhaupt einen haben), ist es das, womit wir jegliche Zukunft beeinflussen können. Bist du bereit?

TEIL II
IDEEN & MAGIE

Deine nächste Idee wird dein altes
Geschäftsmodell zerstören.

Woher kommen eigentlich Ideen? Wie sieht es mit der Kreativität aus? Und wonach suchen Unternehmen tatsächlich, wenn sie innovative Mitarbeiter haben wollen? Im 21. Jahrhundert sind wir besessen davon, Kreativität, Ideen und das nächste große Ding – das wilde Wissen – zu entdecken, denn zumindest aus wirtschaftlicher Sicht ist Fortschritt alles, was wir haben. Ideen sind zunächst wild – doch sobald sie da sind, versuchen wir, sie auf der Grundlage unserer mentalen Modelle und Erfahrungen in Schubladen zu stecken. Aber Business besteht heute darin, neue Verbindungen zu finden und Beziehungen aufzubauen. Vergiss das ganze Gerede über B2B oder B2C – nennen wir unsere Kunden doch: »Menschen«. Menschen kaufen keine Produkte oder Dienstleistungen – was sie haben wollen, sind Beziehungen zu andern Menschen, Beziehungen zwischen unterschiedlichen Ideen und die Storys und die Magie, die daraus entsteht. Es ist die Magie, die einen Unterschied bewirkt.

Aber Ideen sind und waren nie logisch – weder Michelangelos David noch die Mona Lisa oder Beethovens Fünfte

Sinfonie. Diese Meisterwerke sind nicht aufgrund eines strategischen Plans und durch logische Schritte entstanden, sondern durch eine Reihe von aufeinanderfolgenden Misserfolgen und erneuten Versuchen. Ideen entstehen durch eine »Initialzündung«, einen Impuls, durch Diebstahl und Kopie, durch einen forcierten Glücksfall und/oder durch die Zerstörung alter mentaler Modelle und Rahmenbedingungen. Ein universelles Rezept? Vergiss es – das gibt's nicht, wenn es um Ideen geht. Die Meisterwerke großartiger Künstler kamen weder aus dem Nichts noch wurden sie schnell mal von jemandem mit dem Job »Künstler« umgesetzt. Sie sind stattdessen eine Abstraktion der gesamten Anstrengung – zahllose Experimente, ein unablässiger Prozess von Versuch und Irrtum, immerwährende Verbesserung und Erneuerung. Wir neigen dazu, diese Bezeichnungen zu verschmelzen und zu vermischen; wenn es um Innovation und Kreativität geht, machen wir das ständig. Aber wenn wir uns die Begriffe genauer ansehen, stellen wir fest, dass sie nicht dasselbe ausdrücken.

Der Prozess der Ideenfindung wird vielleicht am besten von Ed Catmull, dem CEO der Pixar Animation Studios, beschrieben. Sein Unternehmen, das sich von Blockbuster zu Blockbuster weiterentwickelt hat, ist ein Ort, an dem wortwörtlich Ideen lebendig werden. Welchess ist der geniale Motor hinter diesem Unternehmen, könnte man sich fragen, und: War es schon immer so? Catmull beschreibt in *Die Kreativitäts-AG: Wie man die unsichtbaren Kräfte überwindet, die echter Inspiration im Wege stehen* – einem der besten Bücher zu diesem Thema –, dass das, was

Pixar antreibt, der Versuch ist, durch viele Versuche von »suck« zu »non-suck« – also von »schlecht« zu »nicht ganz so schlecht« – zu gelangen, quasi eine Entdeckungsreise. Während der letzten Jahre ist die Anzahl der Versuche, das perfekte Storyboard zu finden, immens gestiegen; das bedeutet, dass immer mehr Versuche schlecht sind, bevor Pixar die Non-suck-Phase erreicht. Für den Film *Das große Krabbeln* (*A Bug's Life*) waren 27 Storyboards notwendig; für *Findet Nemo* (*Finding Nemo*) waren es schon 43; ein paar Jahre später benötigte *Ratatouille* 69 Storyboards; und *Wall-E* brauchte 98 Storyboards und ungefähr 125.000 Entwürfe.

Um in einem solchen Arbeitsmodus erfolgreich zu sein, braucht man die Freiheit des Ausprobierens. Man muss es aushalten können und den Raum dafür haben, so oft zu scheitern, bis das Endprodukt erreicht ist. Wichtig ist dabei, dass man innerhalb eines sicheren Rahmens handelt: ein Raum, innerhalb dessen man versagen und scheitern darf. Es gibt natürlich auch Orte und Situationen, in denen wir nicht scheitern dürfen oder wilde Kreativität fördern wollen. Weder ein disruptiver Pilot im Landeanflug auf den Flughafen Frankfurt noch ein Kreativdoktor bei einer Operation am offenen Herzen sind erstrebenswert – in diesen Momenten sind höchstes Können und Top-Qualität gefragt. Im Fußball wird zwischen Training und Spiel unterschieden. Auf dem Trainingsplatz dürfen die Spieler herumprobieren und scheitern, im Finale des WM-Spiels hingegen müssen sie liefern.

Erfolgreiche Unternehmen verfügen heutzutage über

diese Offenheit und schaffen solche Trainingsfelder, auf denen herumgespielt werden kann, ohne dass andere dies sofort beurteilen oder eine Ego-Sache daraus machen. Natürlich tut Scheitern trotzdem weh, denn wir alle wissen, dass eine gewisse Verletzlichkeit die Voraussetzung ist für Kreation und Innovation. Pixar nimmt jedoch eine große Portion Emotionalität aus diesem Prozess heraus durch das Konzept des »Plussing«. Storyboard und Ideen werden einer Gruppe präsentiert, deren Teilnehmer gebeten werden, hervorzuheben, was gut ist, und nach Möglichkeiten zu suchen, wie etwas noch besser gemacht werden könnte – zum Beispiel indem sie sagen: »Ich mag die Haare und die Ohren der Figur.« Oder: »Was du da gemacht hast, ist toll, aber was hältst du davon, die Ohren zu verlängern?« Diese Kultur und dieser Umgang mit Ideen haben Pixar zu einem der renommiertesten Unternehmen in Sachen Kreation der letzten Jahrzehnte gemacht, begleitet von einem ebenso enormen finanziellen Erfolg. Allein die Merchandising-Einnahmen des Films *Cars* betrugen 10 Milliarden US-Dollar (ja: Milliarden).

Unternehmen wie Pixar sind nicht die Norm; es gibt weit häufiger viele erfolglose Versuche, standardisierte Arbeitsabläufe zu schaffen. Aber der *Prozess* der Schöpfung, der ja angestrebt wird, ist von vornherein zum Scheitern verurteilt, wenn die disjunktiven Terminologien von Ideen, Kreativität und Innovation durcheinandergeworfen werden. Ein *innovatives Unternehmen* ist ein Unternehmen, das sich innerhalb seines eigenen Geschäftsfeldes verändert und anpasst. Es meistert den Wandel in seinem Umfeld und findet neue Wege, um alles besser und effizienter zu gestalten. Eine solche Veränderung wird horizontale Veränderung genannt. *Kreativität* hingegen ist häufig eher radikal. Es geht dabei um eine Veränderung in der Wahrnehmung und des Blickwinkels – es geht darum, aus einem bestehenden Produkt etwas Neues zu machen, indem man es aus einem völlig neuen Blickwinkel betrachtet, indem man neue Technologien und neue Methoden anwendet.

Wie ich eingangs erwähnt habe, ist Cash nicht mehr King. Kapital behauptet, wenn überhaupt, einen guten zweiten Platz. Wildes Wissen hat jetzt die Führung übernommen. Heute geht es um die Kraft aus neuen Ideen beziehungsweise um radikal neue Impulse für eine neue Wahrnehmung oder Sichtweise auf unser Leben. Eine gute Idee, eine Veränderung ist heute das Entscheidende. Es ist das wilde Wissen, wonach heute jeder sucht. Doch die großen Fragen – Woher kommt es? Wo findet man es? – bleiben trotzdem unbeantwortet.

Was können wir tun, um die Suche nach neuen Ideen voranzubringen? Zum einen können wir darüber reden und schreiben. Aber theoretische Überlegungen und die Grenzen unserer Ausdrucksmöglichkeiten verwässern letztlich das, worum es geht. Im Grunde geht es bei Ideen um Kreativität, es geht darum, etwas zu tun.

Woher kommen gute Ideen? Das Paradoxon, mit dem wir es zu tun haben, ist, dass Unternehmen angesichts des rasanten Fortschritts von Wissenschaft und Technik so stark wie nie zuvor darum kämpfen, neue Innovationstreiber zu finden. Manchmal wird man das Gefühl nicht los, dass alle Ideen groß und extrem sein müssen. Gleichzeitig wächst die Kluft zwischen Gegebenheiten, bekannten Fakten und den Dingen, die wir (höchstwahrscheinlich) nie herausfinden werden. Die verborgenen Geheimnisse, die wir entdecken können, sind für die meisten von uns jetzt in Sichtweite: Geheimnisse wie das endlose Universum und die unbegrenzten Galaxien, das Konzept eines Gottes oder das Bewusstsein der Menschen. Aber geht es tatsächlich jetzt nur noch darum? Wissenschaftler glauben heute, dass wir auf alle Fragen die passenden Antworten finden können: wie der Verstand funktioniert oder wie wir menschliche Roboter entwickeln können, die all unsere Aufgaben übernehmen. Unser seltsamer Verstand kommt dabei jedoch nicht unbedingt mit oder begreift, wie wir Innovationen und wilde Ideen eines Tages zähmen könnten. So bleibt es für uns also spannend und wild und die Suche geht weiter.

Sind Unternehmen in unserer heutigen Wirtschaft gut aufgestellt und auch erfolgreich, brauchen sie Ideen am dringendsten, um zu verhindern, dass sie von der Flutwelle der nächsten großen Technologien überrollt werden. Disruptionen und Veränderungen sind ein Thema, ja, aber wenn ein Unternehmen die Ideenschöpfung im Griff hat und sie auch lebt, hat es die besten Voraussetzungen, sich zu erneuern und alle anderen abzuhängen – trotzdem gelingt dies den wenigsten.

Wir halten Kreativität und Ideen für etwas Mysteriöses, aber im Laufe der Jahre habe ich gelernt, dass Fortschritt und Kreativität aus dem *Machen* entstehen. Indem man unterschiedliche Köpfe zusammenbringt und einfach loslegt – wenn man so will: eine bunte Mischung verschiedenster Menschen zusammen in einem »Funpark der Freude«. Meist aber versuchen wir, Ideen durch Modelle und Methoden zu erzwingen; doch kreative Menschen gehen anders vor: Sie kombinieren die Ideen anderer mit ihren eigenen, sie kopieren und reißen sich Dinge von früheren Genies unter den Nagel. Diese Ideen werden in Räumen lebendig, in denen wir seltsam sein dürfen, in denen wir versagen dürfen, in denen wir forschen, verbessern und neue Entdeckungen machen können. Bahnbrechende Ideen und besondere Momente entspringen Glücksfällen, sie werden angetrieben von Träumen und gelenkt von leidenschaftlichen Menschen, die Veränderungen schaffen wollen, um etwas zu bewirken. Sie begeben sich auf eine Reise und durchleben Momente der Schöpfung, begleitet von Zeiten der Frustration. Wie beim Schreiben eines Buches geht es darum, etwas zu tun. Einen ersten schlechten Entwurf zu machen und dann einen zweiten, weniger schlechten Entwurf – und immer weiter, bis man schließlich sagt: »Das ist es.«

Veränderungen in Unternehmen entstehen in einem kontinuierlichen Prozess, durch ein Team, das permanent weitermacht, ausgestattet mit ausreichend Zeit, offener Denkweise und Raum für den notwendigen Flow, um immer weiter voranzugehen. Während wir weitermachen, dehnt sich unser Universum mit immer höherer Geschwindigkeit aus; es kann also nur vorwärtsgehen. Das Schöne daran ist: Wenn du deine individuellen Kräfte nutzt, wenn du reflektierst und nachdenkst, dann kannst du tatsächlich etwas ganz Neues erschaffen, etwas, das außerhalb deiner heutigen Grenzen und Rahmenbedingungen liegt. Du kannst dein volles Potenzial ausschöpfen, denn dein Gestaltungsspielraum ist dann deutlich größer als das, was du heute wagst. Wenn du dich das traust, stehen die Chancen gut, dass du die Reise genießen wirst.

Ideen und Fortschritte lassen sich nicht innerhalb von Grenzen finden. Veränderungen werden nicht durch gleich denkende Berater geschaffen, die das gleiche Alter und Geschlecht, die gleiche Herkunft haben, die alle von derselben Business School kommen. Um Veränderungen zu bewirken, braucht man *mehr* Chaos, nicht weniger.

Fortschritte werden von Führungskräften, Vordenkerinnen und bunt zusammengewürfelten Gruppen initiiert. Im Folgenden werfen wir einen genaueren Blick darauf, wie man wildes Wissen findet und die geheimnisvolle Magie von *Ideen* entschlüsselt.

5. ANFANGEN

Ideen werden gemacht, sie werden einem nicht
geschenkt. Um Ideen zu kreieren, muss man
anfangen. Und damit könnte dieses Kapitel im
Grunde genommen zu Ende sein. So einfach ist
es. Du musst anfangen.

Viel zu viele Menschen sprechen über all die Dinge, über die sie nachgedacht haben oder die sie hätten tun sollen, hätten tun können (hätte, hätte, Fahrradkette). Ich habe viele Menschen getroffen, die – wie sie finden – großartige Ideen mit sich herumtragen, aber die wenigsten sind über Prahlereien hinausgekommen. Luftschlösser beim Bier in der Eckkneipe. Doch eines ist sicher: Ideen sind nicht von vornherein außergewöhnlich und genial. (*Punkt!*)

Es gibt also Schwätzer und es gibt Macher. Ideen entstehen, indem man Dinge tut, indem man Dinge ausprobiert, indem man sich nicht einschränkt und keine Angst hat, mutig etwas Neues zu versuchen. Keine Bühne ist groß genug, um nicht zu versagen. Voraussetzung dafür ist ein sicherer Rahmen, ein Trainingsfeld, auf dem man seine »Schmerzgrenze« austesten und sich verletzbar machen kann. An einem solchen Ort kannst du deine Wahrnehmung verändern, hier kannst du offen sein für den Eintritt in eine völlig neue und radikale Welt, für deine eigene Weltanschauung. Also, erfinde dich neu und verlasse deine Komfortzone.

Ideen sind unvollkommen; Disruption und Veränderung werden von denen eingeleitet, die den Status quo anzweifeln und die bekannten Fakten (das gezähmte Wissen) infrage stellen. Gibt es eine sichere Formel für den Erfolg? Klar, einige Menschen haben biologische Vorteile, da sie einfach von Natur aus »kreativ« sind. Diese Glücklichen haben einen Vorsprung – aber kommt es allein darauf an? Nein: Viele große Unternehmen, erfolgreiche Unternehmer, renommierte Künstler und berühmte Sportler haben es durch *einfach Loslegen* und *Rumprobieren* geschafft. Der große Wayne Gretzky und »His Airness« Michael Jordan sind beide Legenden in ihren jeweiligen Sportarten: Eishockey und Basketball. Sie sind ihren ganz eigenen Weg gegangen und dank des bloßen Machens und Probierens, durch Schießen und Werfen gewachsen. Mit den Worten von Gretzky: »Du verpasst alle Schüsse, die du nicht annimmst.«

Es gibt es keinen akademischen, linearen Weg zu Kreativität, disruptivem Denken oder Veränderung der Wahrnehmung. Eine neue Wahrnehmung kann in Philosophie, Kunst, Wissenschaft oder politischer Theorie gefunden werden, zwischen dem bewussten und unbewussten Zustand, zwischen strukturierter Methodik und wildem Chaos oder in der Kunst der Verspieltheit. Die perfekte Mischung – die Anwendung, die Wiederentdeckung von Ideen – bietet den besonderen Rahmen, sodass etwas Neues, obwohl wir es nicht kennen, wild und unbezähmt jederzeit auftauchen kann.

Also, was sind Ideen? Erstens sind Ideen weder wahr noch falsch; sie existieren nur im Kopf. Wenn zum Beispiel jemand eine Vorstellung von Gott hat, wäre es falsch, zu sagen, dass diese falsch oder wahr ist. Eine Idee ist einfach das, woran ich denke, sie ist keine faktische Aussage. Ideen können wissenschaftlich oder technologisch be- oder widerlegt werden, man kann sich auf den Weg machen, um Antworten und Lösungen auf der Grundlage der Idee zu finden.

Wir verbinden Ideen mit Kreativität, Innovation und Denken. Denken und Ideen gepaart mit deiner Erfahrung führen zu neuem Wissen, zu etwas, das du jetzt weißt. Du verfügst über Wissen und baust darauf Weisheit auf. Wenn wir über Weisheit sprechen, die auf Wissen basiert (und ja, es gibt andere Möglichkeiten, dieses Konzept zu interpretieren), erwarten wir ein bestimmtes Resultat, das auf Ergebnissen basiert, die wir in der Vergangenheit erhalten haben. Zum Beispiel könnten wir einen ganz bestimmten Nutzen erwarten. Kinder hingegen haben frische, grenzenlose Ideen, weil sie die Ergebnisse nicht kennen und somit offen und ohne Erwartungshaltung sind.

Unternehmen brauchen sowohl Innovation als auch Kreativität und sie müssen beides initiieren und entzünden. Innovation ist die Fähigkeit eines Unternehmens, die wahrgenommene Realität zu verändern – zum Beispiel durch die Einführung neuer Produkte. Mit Kreativität verändert man die Sichtweise auf die Welt oder betrachtet die Welt aus einem neuen Blickwinkel. Beide Begriffe gehören zum »Wandel« – eines der Buzzwords des 21. Jahrhunderts. Während es bei Kreativität also um Ideen geht, geht es bei Innovation darum, Ideen lebendig zu machen: durch Strategien, Prozesse, Budgets, Teamarbeit und so weiter. Kreativität benötigt Denken und Innovation braucht Handeln. Und ja, man kann innovativ ohne Kreativität sein und Kreativität kann ohne Innovation gedeihen.

Wir müssen einfach anfangen, Ideen zu erforschen, egal wie komplex sie auch sein mögen. Es ist hilfreich, sich die jüngsten Durchbrüche anzusehen, bei denen die Umsetzung – die Mentalität des »einfach Machens« – zu großen Veränderungen geführt hat. Das sind genau die Dinge, die wir im Nachhinein als geniale Ideen oder wegweisende Innovationen bezeichnen – alle jene Ideen, die aus dem »einfach Machen« entstanden sind. Unternehmen wie Spotify und Apple haben den Weg in Bereiche geebnet, die zunächst als unbegehbar galten. Ihre heutigen Erfolge lassen sich alle zurückführen auf eine »Initialzündung«, auf die Zerstörung alter Strukturen und auf unorthodoxe, kreative Ideen. Diejenigen, die den Status quo infrage stellen, diejenigen, die *Nein* sagen, sind die Wegbereiter. Das sind diejenigen, die den Widerstand ertragen und verstanden haben, dass es keine geraden Linien gibt, keine Rezepte, keine Grenzen für das Was und Wie. Napster, Pirate Bay, Uber, Bitcoin – alle waren anfangs illegal, aber jedes dieser Unternehmen hat die großen Veränderungen in Gang gesetzt, deren Auswirkungen wir heute erleben. Diese Hacker treiben den Wandel voran (#hackersoftheworldunite). Sie sind die wahren und eigentlichen Welt-Veränderer.

Wir könnten unseren Egos die Schuld in die Schuhe schieben, dass es so schwierig ist, zu *starten* und kreative neue Ideen zu entwickeln. Sobald wir loslegen, wollen wir nämlich sofort Profis sein, wollen als Experten für dieses oder jenes wahrgenommen werden. Wir glauben, dass genau dies von uns erwartet wird, dass es exakt darauf ankommt – darauf nämlich, wie wir von außen wahrgenommen werden, was andere von uns halten. Es ist nichts falsch daran, Fortschritte zu machen und erfolgreich zu sein, aber wir werden in einer besseren Welt leben, wenn wir im Herzen Amateure bleiben, wenn wir es uns bewahren, wie Anfänger zu denken, und uns weniger Gedanken darüber machen, was andere von uns halten. Das ist die Essenz der »schlichten« Abschlussworte, die Apple-Gründer Steve Jobs in seiner berühmten Rede an der Stanford-Universität 2015 fand: »Stay hungry – stay foolish« – bleibe »hungrig«, bleibe neugierig und verspielt. Wenn du versuchst, alles zu kontrollieren, wenn du unbedingt »ein Experte« sein willst, dann wirst du scheitern und wie ein Stein zu Boden stürzen. Vielleicht denkst du, als Experte weißt du eine Menge.

Wenn du fertig ausgebildet bist und meinst, ausgelernt zu haben – dann hast du nicht ausgelernt, bist aber ganz sicher fertig.

Denke und handle wie ein Amateur – dieses Konzept beschreibt auch Rasmus Ankersen, der dänische Experte für Talentfindung und -entwicklung. Er selbst bezeichnet sich in seinen Büchern *Der Goldmineneffekt. Vom Talent zum Star: 8 Prinzipien für nachhaltigen Erfolg* und *Hunger in Paradise. How to Save Success from Failure* als »professioneller Amateur«. Achte darauf, ein Amateur zu bleiben, und irgendwann werden sich die Türen der Kreativität für dich öffnen. Auf Unternehmen übertragen bedeutet es, dass wir die Entrepreneur-Denkweise und Gründermentalität nicht verlieren dürfen.

Das übliche Vorgehen aber ist, dass große Unternehmen sich auf Bestehendes konzentrieren und versuchen, vorhandene Mitarbeiter darin zu schulen, »wie in einem Start-up zu denken«. Start-ups werden für ihre innovativen, disruptiven und ko-kreativen Eigenschaften bewundert. Aber wir dürfen nicht vergessen, dass die meisten Start-ups scheitern. Der laute Hype um Start-ups und die gesamte Start-up-Ära flaut langsam ab. Die Silicon-Valley-Träume sind begraben und wir sind wieder beim Wesentlichen angelangt. Das ist wirklich gut für das Unternehmertum. Wir brauchen eine neue Welle von echten Unternehmerinnen und Unternehmern. Ähnlich der Generation der »Macher«, die es nach dem Zweiten Weltkrieg gab: die Erfinder und Impulsgeber der zahlreichen »Hidden Champions«, die heute den Weltklasse-Mittelstand bilden, das Herzstück der deutschen Wirtschaft. Wir brauchen Organisationen und Unternehmen mit neuen Sichtweisen und einer neuen Mentalität; Unternehmen, die nicht eingeschränkt sind durch ihr Expertentum; Unternehmen, die hungrig bleiben und als »professionelle Amateure« agieren. Denn nur so bleibt man ständig aufmerksam und in Bewegung, unterwegs zu einem noch unklaren Ziel – und nur so wird man an einem besonderen Ort landen. Im Business geht es nicht ums Gewinnen oder Verlieren, sondern darum, unendlich lange mitzuspielen. Die Wirtschaft ist unendlich, und je länger du mitspielst, desto größer sind deine Chancen, das zu erreichen, was du für dich als Erfolg definierst.

> *Anfänger sehen die Möglichkeiten,*
> *Experten die Grenzen.*

Es gibt vieles, was mir am Begriff »Entrepreneur« gefällt. Bei der Entscheidung über Investitionen oder wenn es um die Beurteilung junger Menschen geht, verkörpert dieser Ausdruck für mich vieles von dem, was ich bei Investments immer suche: das Warum, den Sinn, das Humankapital. Diese Werte scheinen heute ein wenig in Vergessenheit geraten zu sein. Jenseits aller Standarddefinitionen von »Startups« und »Unternehmertum« brauchen wir Menschen: Menschen, die einfach anfangen, Sachen umzusetzen, die einfach machen. Wir brauchen Funkenschläger, Impulsgeber. Das Buzzwort »Start-up« wird zu sehr bejubelt und hochgejazzt. Junge Unternehmerinnen müssen stattdessen in einem Modus arbeiten, in dem sie sich auf die Zukunft konzentrieren und eine Vision entwickeln können – und nicht den schnellstmöglichen Exit suchen oder etwas tun, das lediglich Geld einbringt.

Wir müssen daran arbeiten, unsere Wahrnehmung zu verändern und uns in einen Zustand des »Anfangens« zu versetzen; starten jedoch müssen wir mit einem »Ziel« als Vision, mit einem Bild eines potenziellen zukünftigen Zustands. Genau dies hat Managementvordenker Stephen R. Covey in seinem Buch *Die 7 Wege zur Effektivität. Prinzipien für persönlichen und beruflichen Erfolg* mit den Worten »Am Anfang schon das Ende im Sinn haben« gemeint. Wir müssen Menschen mit unterschiedlichen Denk- und Sichtweisen finden, damit sie uns helfen, neue Standpunkte einzunehmen und neue Ideen für unser Business zu entwickeln. Vorbei sind die Tage der starken Individuen, die im Alleingang Veränderungen und Revolutionen anhalten und verzögern konnten. Stattdessen treibt uns die *Welt* jetzt an und wir müssen offen sein für den Wandel. Dessen Wirkkräfte sind stärker als wir Einzelnen, trotzdem dürfen wir uns von ihnen nicht einfach mitreißen lassen.

Für manche »Anfänger« oder Impulsgeberinnen gibt es aber auch andere Herausforderungen. Viele haben keine Schwierigkeiten damit, neue Ideen zu finden, sondern vielmehr damit, die alten loszulassen. Für sie geht es darum, die Denkweise zu vereinfachen, statt die Komplexität zu erweitern. Sie sollten lieber überlegen, wie man loslässt und wie man simplifiziert. Das ist in unserer hyperkomplexen Welt eine ähnlich große Herausforderung wie die Entwicklung neuer Ideen. Der Kern liegt auch hier im Anfangen: einfach machen. Wir träumen von radikalen, weltbewegenden Veränderungen und von einem schnelleren Fortkommen. (Du kennst die entsprechende Wachstumskurve in Form eines Hockeyschlägers, oder?) Fortschritt ist das Ergebnis vieler kleiner Schritte, die du machst, indem du einen Fuß vor den anderen setzt, dich einfach auf die Reise begibst. Auf diesem Weg zögern viele, weil ihnen die Straße zu lang und zu steinig scheint. Rückschläge und Hürden durch eine veraltete Wahrnehmung dessen, wie es ist oder wie es sein könnte, führen zu Frustration. Erfolg aber erwächst daraus, dass du täglich da bist, täglich den nächsten Schritt gehst und dich dem Widerstand stellst. Nur durch Resilienz und Durchhaltevermögen, durch hartnäckige kleine Schritte können *bahnbrechenden Ideen, disruptive Technologien* und *Heureka-Momente* in unsere Geschichten eingeschrieben und als etwas Einzigartiges gefeiert werden. Man fängt also nicht nur einmal an: Du musst zurückkehren und immer wieder anfangen und noch mal und noch mal und noch mal und immer wieder.

Kannst du für den Anfang einfach ältere Rezepte kopieren? Ja, natürlich. Aber du solltest nicht endlos die Muster und die Dynamik von anderen nachahmen und deren Geschichte replizieren. Du kannst aber auf dieser Basis aufbauen und sie mit deiner neuen Sichtweise verbinden. Einer der schwersten und häufigsten Fehler ist der Glaube, dass viele Informationen Entscheidungen vereinfachen und neue Ideen begünstigen. Aber im Grunde ist es weit häufiger umgekehrt. Das, was wir *nicht wissen*, hilft uns weiter: die unbekannten Unbekannten oder die unbekannten Dinge, die wir wissen – sie können wir nutzen. Von außen sieht das oft eher chaotisch aus und wir streben lieber nach mehr Ordnung – aber Fortschritt ist genau das: chaotisch. Unsere

Aufgabe ist also, zu versuchen, das Chaos zu zähmen und gleichzeitig nach mehr Wildheit zu suchen, indem wir neue Technologien mit neuen mentalen Modellen und Ansichten kombinieren, um etwas Neues zu schaffen. Es ist die unermüdliche Suche nach wildem Wissen in einer Parallelwelt, in der wir mehr Ruhe und Stabilität anstreben.

Ideen entwickeln sich oft aus einem gemeinsamen Kontext des Lernens. Am Anfang sind Ideen nicht wirklich gut; eigentlich ist keine Idee von Beginn an gut. Das Auto, das Flugzeug, das Handy oder der Computer: All das waren am Anfang nutzlose Dinge, die kein Mensch gebrauchen konnte. Der Ausgangspunkt bei der Suche nach wildem Wissen sollte darum informell sein; er sollte ein Raum sein, in dem man bewusst einen offenen und ungezwungenen Dialog führt, gemeinsam lernt und Dinge weiterentwickelt, statt sich an feste Vorgaben zu halten. Zu erwarten, dass der erste Wurf perfekt ist, wird die Idee zerstören, bevor du überhaupt angefangen hast. Der Anfang gelingt am besten, wenn du mehrere Ansichten zu einem Thema zusammenbringst. Allein anfangen, mit einer Gruppe von unterschiedlichen Menschen noch mal anfangen, dann erneut von vorn starten – entscheidend ist, dass man sich auf einen Anfang konzentriert und darauf aufbaut. Nur so kann man aus den bestehenden Regeln ausbrechen, veraltete Stereotype zerschlagen und die Vorstellungskraft nutzen. Viele Impulsgeber trauen sich auch, einen Blick auf die Wettbewerber zu werfen, oder suchen aktiv nach Wettbewerbsumgebungen, in die sie sich einbringen können. Das darwinistische »Survival of the fittest« – die schnelle und erfolgreiche Anpassung an neue Umgebungen – ist und bleibt einer der Ausgangspunkte für Kreation. Viele Ideen zu haben, verschiedene Optionen und Überlegungen zu nutzen war im Laufe der Geschichte stets ein erfolgreicher Kreativitätstreiber. Die Vergangenheit zeigt uns, dass einige der klügsten Köpfe Tausende von Ideen hatten und in der chaotischen Spannung des Trial-and-Error-Modus arbeiteten.

Wenn du nach neuen (bahnbrechenden) Ideen oder nach Wegen suchst, ein erfolgreiches Unternehmen zu gründen, dann solltest du eine vertikale Veränderung anstreben, nach skalierbaren Möglichkeiten, nach proprietären Technologien und Netzwerken suchen. Eine horizontale Veränderung ist einfach: Du kopierst vorhandene funktionierende Ideen und verbesserst sie, indem du sie effizienter oder nützlicher machst. Diese kleinen Verbesserungen werden sich auf lange Sicht aber nicht wirklich auszahlen, es sei denn, du besitzt bereits eine starke Marke oder hast die Möglichkeit, die Produkte und Dienstleistungen mit »Medienwert«, also Markenwert, aufzuladen. Aus diesem Grund übernehmen größere Konzerne häufig kleinere Firmen oder kopieren deren Ideen, statt selbst den Weg zu ebnen. Ohne einen Medienwert wird aus horizontalem Wandel nichts anderes als ein Preiskampf, ein Kampf der Algorithmen. Horizontale Veränderung steht auch meist im Vordergrund, wenn es um Innovation geht. Vertikale Veränderung hingegen bedeutet, etwas völlig Neues zu schaffen in einer Kategorie, die man – zumindest für eine kurze Zeit – ganz allein besetzt. In den ersten Businessplänen brauchen Entrepreneure heute etwas, das über ein großes Potenzial verfügt, etwas, wodurch eine neue Sichtweise entsteht. Es muss nicht ein zweites Google sein und die höchste technologische Komplexität mit der höchsten Simplifizierung kombinieren. Vor Google waren alle Suchmaschinen Portale. Das Ziel war, die Nutzer möglichst lange auf der Seite zu halten und möglichst viele Seitenaufrufe zu erreichen, damit andere auf der Seite Werbung schalten konnten. Das Prinzip dahinter lautete: »Wenn ich die Besucher auf der Seite halten kann, bin ich erfolgreich und kann Geld verdienen.« Google jedoch revolutionierte nicht nur die Werbeform, sondern stellte das Prinzip auf den Kopf. Von nun an hieß es: Die Nutzer sollten die Seite möglichst schnell verlassen. Je kürzer die Besucherzeit, desto zufriedener der Anwender: Denn wenn sie fanden, wonach sie suchten, kamen sie immer wieder. Der Rest ist Geschichte. Es reichen aber auch einfachere Ziele als die Weltherrschaft, die Google anvisiert. Hauptsache, der Leser oder die Investorin denkt: »Warum hat niemand vorher daran gedacht? Das ist doch viel zu einfach und zu überzeugend – da muss doch ein Haken sein.«

Auf dem Weg zur Kreation wirst du Feinden und Neidern begegnen, Menschen, die dir ständig sagen, dass das, was du vorhast, einfach nicht machbar ist. Einer der großen Philosophen, die sich mit diesem Thema auseinandergesetzt haben, ist Immanuel Kant. Er stellt in seinem Essay »Beantwortung der Frage: Was ist Aufklärung?« diesen Zweifeln das lateinische »sapere aude« gegenüber: »Habe Mut, dich deines eigenen Verstandes zu bedienen!« Das spiegelt die

Geschichte jedes Menschen wider, der jemals etwas Besonderes geschaffen hat. Es ist wie das Zerreißen eines perfekten Bildes in einer unperfekten Welt.

Wenn wir großartige Ideen als Erfolg definieren, dann ist leicht zu erkennen, dass Erfolg und Scheitern Hand in Hand gehen; das eine kann ohne das andere nicht sein. Wenn es kein Scheitern gibt, kann es weder Schöpfung noch radikalen Fortschritt geben. Auf dem Weg zum Erfolg wird es immer Missgunst, Widerstände und Kämpfe gegen (alte) Strukturen geben. Aber es werden auch Heureka-Momente, Applaus und Bewunderung folgen. Wenn du im Kreationsmodus bist, achte darauf, einen klaren Geist zu haben, und wenn du auf Herausforderungen oder Widerstand stößt, dann mache eine Pause und gehe zurück zum ursprünglichen Moment der Initialzündung und starte erneut. Fang noch einmal an, immer und immer wieder. Und dann noch einmal, wenn es sein muss.

Doch egal, wie du Ideen und Kreativität definierst, ob du denkst, es gehe dabei um Gedanken, Schöpfungen, ums Probieren oder Scheitern: Erfolge werden nicht durch das Ende gemacht, sondern durch Anfänge. Hast du schon begonnen?

6. STEHLEN & KOPIEREN

Große Künstler stehlen und kopieren
mit großer Hingabe.

In diesem Kapitel werden wir über Offenheit und Ehrlichkeit sprechen, ein perfekter Kontrapunkt zum Stehlen und Kopieren, nicht wahr? Es wird darum gehen, sich selbst nicht mehr so verdammt wichtig zu nehmen – hör auf, zu versuchen, dich an die hehren Ideale selbst ernannter Genies zu halten. Vergiss es! Wir müssen manchmal einfach eine S......-egal-Haltung an den Tag legen. Du bist nicht der große Experte, für den du dich manchmal hältst, akzeptiere es einfach. Die meisten genialen Ideen, die bei Brainstormings herauskommen und die uns das Gefühl geben, Genies zu sein, haben ihren eigentlichen Ursprung anderswo. Anstatt uns auf unsere Egos zu konzentrieren, sollten wir den Fortschritt und die Kreation an sich genießen. Wir sollten in den Blick nehmen, was wir wirklich tun. Offenheit, Ehrlichkeit, Nachahmung und Diebstahl – alles zusammengeworfen in ein und denselben Mixer? Habe ich dich jetzt verwirrt?

Denker wie Aristoteles, Platon und Augustinus von Hippo haben vielleicht sprachliche und konzeptionelle Terminologien erschaffen, die es uns heute ermöglichen,

Gedanken, Metaphern und künstlerische Einzigartigkeit zu kreieren. Aber bereits vor diesen Vordenkern gab es kollaborative Ansätze und die Adaption von Ideen früherer Denker. Auch wenn diese Genies im Laufe der Zeit für ihre brillanten Thesen und ihr bahnbrechendes Denken gerühmt und gefeiert wurden, so können wir durchaus fragen, ob nicht viele ihrer Gedanken schon damals aus dem Kopieren und Adaptieren erwuchsen – manch einer hätte sicherlich schon damals gesagt: durch den Diebstahl bei anderen.

Die ehrwürdige Walt Disney Company ließ sich bei ihrem Logo und im Film *Cinderella* von Schloss Neuschwanstein inspirieren. Das Schlosslogo ist zu einem Markenzeichen von Disney geworden und trug zum frühen Erfolg des Unternehmens bei. Neuschwanstein, erbaut für König Ludwig II., lockt jedes Jahr 1,5 Millionen Touristen nach Südbayern. Obwohl das Logo keine identische Abbildung des Schlosses ist, verkörpert es doch das Konzept, die Ideen und Denkweisen anderer zu kopieren und kreativ mit eigenen Entwürfen zu verbinden. In diesem Fall war es ein klarer Gewinn für Disney und den bayerischen Tourismus.

Wenn es um Kreation und Ideen geht, sind wir oftmals zögerlich im Umgang mit dem Begriff Diebstahl. Laut Merriam-Webster's Collegiate Dictionary bedeutet »stehlen« (englisch »to steal«), dass jemand fälschlicherweise das Eigentum, die Idee, die Begriffe oder Ähnliches einer anderen Person benutzt. Interessanterweise ist das Wort »fälschlicherweise« (»wrongly«) dort jedoch nicht definiert. In unserem Denken und in Bezug auf Ideen und Kreativität deutet der Begriff Diebstahl auf die Notwendigkeit von Exklusivität hin. Dieses Konzept wurde am besten in dem Buch *Karaoke Kapitalismus. Fitness und Sexappeal für das Business von morgen* der schwedischen Vordenker Jonas Ridderstråle und Kjell Nordström beschrieben. In jüngerer Zeit wurde es im Buch *Misfit Economy. Lessons in Creativity from Pirates, Hackers, Gangsters and Other Informal Entrepreneurs* von Alexa Clay wieder aufgenommen.

Aber schauen wir uns das Wort »fälschlicherweise« einmal genauer an. Was genau ist eigentlich falsch daran, Ideen zu stehlen? Wenn wir ehrlich sind, sind die meisten Erfolge genau das: gestohlen. Wir haben jemand anderen kopiert, haben sein Material um unsere einzigartige persönliche Note bereichert und haben so eine individuelle Interpretation von etwas geschaffen, das bereits vorhanden ist. In beliebten TV-Talentshows wie zum Beispiel *The Voice* – hier treten Künstler auf, die bekannte Songs anderer Musiker covern – sehen wir dies täglich. Letztendlich kopieren (»stehlen«) sie die Abstraktion und Vereinfachung eines kreativen Prozesses, den jemand anderes initiiert hat. Diese Shows zeigen Simplifizierungen und zollen dem ursprünglichen »Besitzer« oder »Autor« des Werkes Anerkennung. In anderen Bereichen fehlt diese Anerkennung jedoch, sodass der gleiche Akt als eindeutiger Fall einer fälschlichen Nutzung der Idee eines anderen angesehen wird. Wie meistens bei Ideen sind natürlich die Leidenschaft, die Ausbildung und das Talent entscheidend. Aber den Urheber zu wertschätzen und zu feiern ist in gewisser Weise ein Trick, um mit dem Stehlen davonzukommen.

In der Geschäftswelt kann dies nur dann in seriöser Form gemacht werden, indem man offen und ehrlich damit umgeht, wie etwas »Neues« erreicht oder Fortschritt erzielt wurde. Es ist nichts falsch daran, von neuen Verpackungen zu profitieren und eine Marke zu positionieren. Aber wenn man in der Geschäftswelt Ideen kreativ nutzt, kann man nicht hingehen und behaupten: »Ich bin ein Experte, ein wahres Genie – und das ist alles allein auf meinem Mist gewachsen.« Und genau hier liegt das Problem.

Können und sollten wir also von »Diebstahl« sprechen? Ja, denn das ist es, was wir im Grunde alle tun, und deshalb können wir genauso gut offen darüber reden. Große Künstler stehlen und kopieren mit großer Hingabe. Wird aber die Essenz deines Kunstwerks anerkannt, solltest du den inspirierenden Urhebern Beifall und Lob zollen. Die meisten Künstler und Musiker lassen sich mehr oder weniger auf die gleiche Weise inspirieren; davon kann die Geschäftswelt noch sehr viel lernen, Vorgehensweisen adaptieren und letztlich besser darin werden, wildes Wissen zu suchen und zu zähmen.

Vergesst Heureka-Momente.

Aber muss nicht alles neu sein? Nein. Tatsächlich erschaffen wir kaum noch wirklich Neues. Was wir tun, ist, alte Dinge grundlegend zu verbessern. Innovation ist nicht die Entwicklung des Neuen, sondern die Mobilisierung von Ideen. In der heutigen schnelllebigen Welt kann man erfolgreich sein, indem man sich auf das konzentriert, was bereits gesagt und geschaffen wurde, wenn auch nur durch Wiederholung. Du kannst erfolgreich werden, indem du deine persönliche Note hinzufügst.

In einem Interview im Jahr 1994, in dem es um die Entwicklung des Macintosh ging, erklärte Steve Jobs, dass es darauf ankäme, sich mit den besten Sachen, die Menschen je getan haben, auseinanderzusetzen, diese Dinge zusammenzubringen und sie dann wiederum mit dem zu verbinden, was man selbst tut. Jobs zitierte in diesem Zusammenhang Picasso – »Gute Künstler kopieren, großartige Künstler stehlen« – und erzählte, dass er immer schamlos gewesen sei, wenn es darum ging, großartige Ideen zu stehlen. Jobs war überzeugt, dass der erste Macintosh nur deshalb so erfolgreich werden konnte, weil die Leute, die an ihm gearbeitet hatten, Musiker, Dichter, Künstler, Zoologen und Historiker waren, die zufällig gleichzeitig auch die besten Informatiker der Welt waren und ihre Gedanken und Ideen zusammenführten.

Wir müssen akzeptieren, dass es im 21. Jahrhundert so läuft. Selbst bei größeren Unternehmen beobachtet man das immer wieder. Stehlen, zur Konkurrenz aufschließen und dann versuchen, sich anzupassen und zur Marke zu werden und die Richtung vorzugeben. In einer Welt, die nach dem Prinzip »The winner takes all« funktioniert, sollten wir ein Arbeitsumfeld schaffen, in dem wir mit den Gedanken und Ideen anderer Menschen spielen können, ohne gleich beurteilt zu werden. Heute erfasst man dies unter dem Begriff »Open Source«, also lasst uns einfach offen und ehrlich in dieser Hinsicht sein: Wir alle tun es, also sollten wir aufhören, uns und anderen etwas vorzumachen. Etwas als »unsere Idee« oder »unsere Gedanken« auszugeben ist in der Regel eine Lüge. Wir haben jeden Tag mit den Ideen und Gedanken anderer zu tun und nehmen sie als unsere eigenen an. *Solltest* du in diesem Prozess etwas entdecken, worauf bisher *niemand* auf der Welt gestoßen ist (was für die meisten von uns eher unwahrscheinlich ist), dann kannst du es Innovation oder wie auch immer nennen, kannst es dir patentieren lassen, dir eine Monopolstellung aufbauen und für kurze Zeit deine »Weltherrschaft« feiern.

Der Prozess der Ideengenerierung und Schöpfung sollte sich nicht um unser *Ego* drehen, sondern um den Fortschritt an sich. Und wie oben schon gesagt: Es ist es wichtig, Anerkennung zu zollen, wo Anerkennung angebracht ist. Wenn du den Urheber und nicht dich selbst feierst, wirst du erfolgreich sein. Dies ist im Übrigen auch meine eigene Geschichte: zu erkennen, wie wenig man tatsächlich weiß, und gleichzeitig die Ideen und Gedanken der alten Genies zu adaptieren und mit Leben zu füllen.

7. SERENDIPITÄT

Wenn deine Idee ausgereift ist,
schnall dich an und starte durch.

Die Herausforderung der Serendipität ist, dass wir, sobald sie zuschlägt – dies gilt insbesondere für eine neue Idee –, die dadurch entstandene neue Sichtweise als eine Tatsache betrachten. Also geht es darum, sich diese echte Veränderung der Wahrnehmung bewusst zu machen, da sie die Tür zu etwas Bahnbrechendem öffnen kann. Der Schlüssel liegt darin, Annahmen und Ideen offen zu erforschen und zu erproben, statt sie als selbstverständlich hinzunehmen, denn wir wissen nie, wann ein Geistesblitz der Serendipität einschlagen wird. Wir können versuchen, die Veränderung kommen zu sehen, und dann versuchen, sie im Nachhinein zu erklären und darin eine gewisse Logik zu erkennen (das ist etwas, worin Menschen angeblich gut sind). Aber vermutlich wird das nicht passieren, denn es gibt so viele Dinge, die keinen innewohnenden Sinn haben oder für die es keine andere logische Erklärung gibt, als dass du mit »A« anfängst, dann mit »B« weitermachst, dann plötzlich zu »G« springst und bei »M« landest. Es ist eine Abfolge von Ergebnissen, die aus unwahrscheinlichen Ereignissen oder Zufällen resultieren – eben: Serendipität oder die

Eigenartigkeit unserer Welt. Ich glaube fest an Serendipität. Dieser aufgeladene Begriff – der 2004 zu einem der zehn Wörter gewählt wurde, die am schwierigsten aus dem Englischen zu übersetzen sind – wurde inzwischen in viele Sprachen aufgenommen. Dieser Begriff, der auch als »glücklicher Zufall« oder »forciertes Glück« definiert ist, hat einfach sehr viel Magie.

Ein gutes Beispiel dafür, wie erfolgreiche Menschen ihr forciertes Glück – oder ihre glücklichen Umstände – beschreiben, ist die Anekdote eines südafrikanischen Golfers, der, nachdem ihm ein sogenannter Glückstreffer gelungen war, reagierte mit den schlichten Worten: »Je mehr ich übe, desto mehr Glück habe ich.« Harte Arbeit und eine Menge Training sind die Grundlagen von Erfolg. Aber dennoch scheint es oft so, als ob diese »Macher« auch dann mehr Glück haben, wenn es um Serendipität, glückliche Zufälle und wilde Ereignisse geht. Wir müssen uns also auf die Suche nach wilden Ereignissen und Serendipität begeben.

Das Konzept wird unterschätzt von Leuten, die nur darüber sprechen, was sie alles vorhaben, oder von jenen, die sich und ihre Träume einfach treiben lassen. Im Business aber – und beim Finden von »versteckten Geheimnissen« und speziellen Ideen (oder dem wilden Wissen) – kann man nur erfolgreich sein, wenn man den anvisierten Erfolg auch verfolgt. Wenn du auf deinem Leben und deine Karriere zurückblickst, wirst du feststellen, dass unzählige kleine Dinge kumulativ zu erheblichen Veränderungen geführt haben. In vielerlei Hinsicht waren dies vielleicht nicht immer bewusste Taten, aber oft war das Ergebnis ein völlig anders als das, was du zuerst erwartet hast. Nimmt man sich in der heutigen Welt vor, in zwei Jahren etwas Bestimmtes erreicht zu haben, landet man mit an Sicherheit grenzender Wahrscheinlichkeit an einem ganz anderen Ort. Im Nachhinein finden wir dann immer eine plausible Erklärung dafür, warum es so gelaufen ist. Eine Fähigkeit oder eine Begabung zeigt sich (oder entwickelt sich) oft erst in Verbindung mit etwas ganz anderem – *Glück* oder Serendipität. Serendipität kombiniert mit Timing ist also in Wirklichkeit forciertes Glück und das verändert deine Realität. Wir müssen hinausgehen und uns selbst herausfordern, damit Dinge passieren, damit wir unser Glück begünstigen. Das Geheimnis vieler berühmter Erfinder, Künstler und Genies besteht darin, dass sie sich zur richtigen Zeit am richtigen Ort positionieren. Wir müssen nur anfangen, etwas zu tun, dann werden verrückte und unglaubliche Dinge passieren!

Die nächste Frage lautet also: Entspringt Erfolg Glück oder Können? Der Popsoziologe Malcolm Gladwell behauptet in seinem Buch *Überflieger. Warum manche Menschen erfolgreich sind – und andere nicht*, dass Erfolg aus einer »Kombination aus Fähigkeiten, Möglichkeiten und zufälligen Vorteilen« resultiert. Investmentguru Warren Buffet sieht sich bekanntlich als »Mitglied des Clubs der glücklichen Spermien« und als Gewinner der »Eierstock-Lotterie«. Amazon-Chef Jeff Bezos führt den Erfolg seines Unternehmens auf eine »wunderbare Planetenkonstellation« zurück und scherzt, dass seine Karriere »zur Hälfte auf Glück, zur Hälfte auf gutem Timing und der Rest auf dem Gehirn«

beruht. Microsoftgründer Bill Gates erklärte einfach, dass er »das Glück hatte, mit bestimmten Fähigkeiten geboren zu werden«. Diese Genies begegnen dem, was sie erreicht haben, mit Demut. Im Deutschen gibt es ein wunderschönes Wort dafür: Bodenständigkeit. Trotz all deiner unglaublichen Genialität solltest du also auch die seltsamen und wilden Ereignisse in deinem Leben wertschätzen und akzeptieren. Es gibt jedoch noch ein paar Dinge, die man über Serendipität wissen sollte.

Worum geht es bei Glück? Hatte Facebook-Gründer Mark Zuckerberg das Glück, den ersten Investor zur richtigen Zeit zu finden? Facebook war damals noch nicht das höchstwickelte Webportal auf dem Markt und es war weder funktional noch aus einer Branding-Perspektive das logische Instrument zur Erlangung der »Weltherrschaft«. Bill Gross, der Gründer von Idealab und zahlreichen anderen Start-ups, hat sich gefragt, warum manche Unternehmen erfolgreich sind, während andere scheitern. Er hat darum eine Studie initiiert und Daten gesammelt. Jedes untersuchte Unternehmen wurde nach fünf Schlüsselfaktoren bewertet: Idee, Team/Ausführung, Geschäftsmodell, Finanzierung und Timing. Die Studie nahm 100 Unternehmen unter die Lupe, mit denen Gross bei Idealab zu tun hatte, hinzu kamen weitere 100 Unternehmen – anschließend wurden die Zahlen verglichen. Die Ergebnisse waren überraschend. Die wichtigste der fünf Kennzahlen war das Timing: 42 Prozent der Unternehmen, die Erfolg hatten, hatten dies aufgrund eines idealen Timings. Das zeigt, dass Unternehmen und Unternehmer verstehen müssen, wofür Kunden wirklich bereit sind und was sie verlangen. Was das ist, kann bis zu einem gewissen Grad verstanden, analysiert und getestet werden. Oft aber spielt auch etwas eine Rolle, das man als »forciertes Glück« oder Serendipität bezeichnen kann.

Am 14. Dezember 1911 erreichte einer meiner Landsleute, der große Entdecker Roald Amundsen, als Erster den Südpol. Er schrieb: »Der Sieg wird jenem zuteil, der alles vorbereitet hat – Glück nennen dies manche Leute.« Mehrere Entdecker hatten vor ihm versucht, an den Südpol zu gelangen, aber Amundsen war der Erste und das wird für immer seine Leistung bleiben, so fand er den Weg in unsere Geschichtsbücher. Er war zur richtigen Zeit am richtigen Ort und bewältigte ein schwieriges, abenteuerliches Unterfangen als Erster. Einige Jahre später, 1928, stellte der Wissenschaftler Alexander Fleming fest, dass über Nacht in seinem Labor ein mysteriöser antibakterieller Pilz in einer Petrischale gewachsen war, die er nicht abgedeckt hatte. Durch Zufall (oder Glück im Unglück) entdeckte Fleming das Penicillin und erhielt dafür 1945 den Nobelpreis. Wenn wir über glückliche Zufälle sprechen, bedeutet das also nicht, dass du einfach auf zufälliges Glück vertrauen solltest. Vielmehr musst du dich in eine Position begeben, in der du dies auch bekommen kannst.

Glück im Unglück steckt auch hinter der Erfindung der grandiosen Post-its 1968 durch den Wissenschaftler Spencer Silver vom Unternehmen 3M. Sein Ziel war eigentlich, einen extrastarken Klebstoff für die Luft- und Raumfahrtindustrie zu entwickeln, der das Schweißen ersetzen konnte. Weil dies nicht gelang, wurde das Projekt vorzeitig beendet. Lediglich ein unglaublich schwacher Klebstoff war entwickelt worden. Wenn wir uns heute vorstellen, ein Raumschiff mithilfe von Post-it-Klebern zusammenzumontieren, ist das natürlich lustig. Doch damit ist die Geschichte noch nicht zu Ende. Denn ein paar Jahre später resultierte aus dieser Entdeckung einer jener forcierten Glücksmomente. Der Chemieingenieur Art Fry schlug vor, diesen schwachen, druckempfindlichen Klebstoff auf der Rückseite von Papier zu verwenden, sodass dieses auf praktisch jeder Oberfläche haftete und wieder leicht entfernt werden konnte. Es dauerte weitere vier Jahre, bis 3M begann, diese »Stickies« auf dem Markt zu testen, nachdem sie innerhalb des Unternehmens erfolgreich verwendet und beliebt geworden waren. Die farbige Erfolgsgeschichte kennen wir heute alle.

Nach diesen ersten Kapiteln siehst du so langsam, wohin das Ganze führen wird. Um zu wildem Wissen zu gelangen, gibt es keinen einfachen und linearen Weg. Wichtig ist aber auch, zu verstehen, dass du in der gleichen Position bist wie alle anderen. Alles ist da, du musst es nur erobern. Wann hast du das letzte Mal etwas Neues ausprobiert? Leg einfach jetzt los. Probiere etwas aus, vor dem du vielleicht Angst hast, oder tue etwas, das du schon lange einmal versuchen wolltest. Der richtige Zeitpunkt dafür ist *jetzt*. Der richtige Tag dafür ist *heute*. Du solltest jede Gelegenheit nutzen, nach einem glücklichen Zufall zu suchen. Von zufälligen Entdeckungen zu profitieren ist nicht für die »Auserwählten« oder die »special few« reserviert. Anfangen, wildes

Wissen finden, Rückenwind nutzen und auf glückliche Umstände stoßen – das ist etwas, was *du* machen kannst.

Als Nächstes schauen wir uns ein paar Dinge an, die du vermeiden solltest. Aber bitte, tu dir selbst einen Gefallen: Wenn du genug für einen Tag gelesen hast, dann geh hinaus und *probiere etwas Neues*!

8. MODELLE, METHODEN & FEHLER

Ich liebe *Ideen*. Ich liebe Kreativität. Aber diese als universellen Schlüssel zum Erfolg zu romantisieren wäre eine Vereinfachung, die weder gerechtfertigt ist noch universell gilt. Forciertes Glück (Serendipität) kann man nicht in dem Maße haben oder planen, wie man es sich wünscht, und viele Ideen sind auch schlicht zu nichts zu gebrauchen. Im Laufe der Jahre habe ich mit Hunderten von Unternehmen zusammengearbeitet und dabei viele wertvolle Erkenntnisse gewonnen, wie man Mindsets mit einer schöpfungsfördernden Atmosphäre und der passenden Umsetzung verbindet. In diesem Kapitel werden wir einen Blick auf die Dinge werfen, die zu Ideen führen können. Wir werden auch einen tieferen Blick auf vorgefasste Sichtweisen werfen, die uns bei der Suche nach wildem Wissen ablenken und uns daran hindern, neue Ideen zu entdecken und zu entwickeln. Es gibt viele Bücher darüber, wie man erfolgreich sein kann und warum einige Unternehmen scheitern. Deshalb möchte ich in diesem Kapitel meine persönlichen Erfahrungen mit diesem Thema darlegen und ein paar grundlegende Erkenntnisse skizzieren, die ich über Modelle und Methodenfehler gewonnen habe bei Investitionen und im Umgang mit verschiedenen Unternehmen. Damit geht es im Folgenden weder um komplexe philosophische

Methoden noch um eine tiefere Reflexion über Geist und Bewusstsein. Stattdessen wird es handfester: Gedanken, Ideen und Tipps, wie wir auf dieser Reise zu Verrücktheit, Kreativität und wildem Wissen häufige Fallstricke vermeiden können, indem wir dazulernen.

Ein sehr weit verbreiteter Fehler ist unsere Neigung, an alten Strukturen und Methoden viel zu lange festzuhalten. Obwohl Stabilität notwendig ist, müssen wir einen gewissen Skeptizismus kultivieren und Vertrauen in die Ungewissheit entwickeln. Gerade dann, wenn du den Erfolg schon sicher in der Tasche zu haben meinst, ist es ziemlich wahrscheinlich, dass du es vermasselst. Genau das unterscheidet Wissenschaftler von Kreativen. Misserfolge sind die schönsten Blüten des kreativen Prozesses. Man kann diese Aussage natürlich umkehren und sagen, dass es ein Versagen eigentlich nicht gibt – was ja auch stimmt; aber bei den meisten von uns drehen sich die Gedanken doch eher ums Scheitern. Und das, obwohl Managementdenker und Bestsellerautor Tom Peters sagt: »Wenn man viele Dinge ausprobiert, könnte eins davon funktionieren.«

Über Misserfolge und die Ideen, die sich aus dem Herumprobieren ergeben, haben Künstler, Sportler und Erfinder Hunderte von Büchern geschrieben. Dennoch verstehen wir immer noch nicht, dass wir keinen Erfolg haben werden, wenn wir fieberhaft versuchen, Misserfolge zu vermeiden, und es uns verbieten, zu scheitern. Genau das meint Peters, wenn er über das Ausprobieren vieler Dinge spricht. Um deine Erfolgsrate zu erhöhen, solltest du also mehr Fehler machen, nicht weniger. Die berühmtesten

Erfinder der Geschichte haben Tausende von Fehlern und Misserfolgen eingefahren – und sie lehren uns, dass die großen Ideen immer all die dummen Fehler kompensieren, die den Weg dorthin geebnet haben. Das klingt eigentlich viel zu einfach, aber es funktioniert.

In Deutschland wirkt es manchmal so, als wollten Unternehmen das Wort »scheitern« am liebsten aus dem Wörterbuch streichen. Der weitverbreitete Gedanke: »Wir müssen es von Anfang an richtig machen« ist im 21. Jahrhundert eine riskante Zielsetzung und eine problematische Einstellung. Unternehmen müssen Kulturen schaffen, die es Mitarbeitern erlauben, Enttäuschungen und Verluste zu erfahren, Fehler zu machen, ohne dass dies existenzielle Konsequenzen hat. Statt sich auf den Versuch zu konzentrieren, Glück zu replizieren (was sehr schwierig ist), sollten Unternehmen akzeptieren, dass nicht jede Idee zu sofortigem Erfolg führt. Das mag offensichtlich erscheinen, dennoch ist die Mentalität der Fehlervermeidung immer noch in vielen Unternehmen so stark verankert, dass die Mitarbeiter nie ihr wirkliches Potenzial ausleben können. Die Einrichtung von Spielwiesen oder Trainingsplätzen, auf denen man sich verletzbar machen und scheitern darf, ist die Voraussetzung von Erfolg in Zeiten, in denen der Druck auf die Innovationsfähigkeit steigt. Bei einem Treffen mit der Autorin Sarah Miller Caldicott, der Urgroßnichte von Thomas Alva Edison (der, wie wir wissen, die Glühbirne und viele andere große Erfindungen hervorbrachte), sprach ich mit ihr darüber, wie eine solche Kultur entsteht. Wir schauten uns unter anderem an, wie Edison sich mit seinem Team durch häufige Wiederholungen arbeitete. Sarah erklärte, dass der Bruder ihres Urgroßvaters ein alter Hase im Fehlermachen gewesen sei. Er soll gesagt haben: »Ich bin der Meister des Fehlermachens – und am Ende gehe ich hin und lasse sie patentieren.«

Die Realität hinter »Trial and Error« ist, dass es nur wenige »ganz nach oben« schaffen und dort bleiben. Die meisten Unternehmen, die längere Zeit auf dem Markt sind, klettern mühsam den Weg hinauf und fallen dann wieder hinunter, lernen aus der Erfahrung und machen sich wieder auf den Weg. Andere wuseln hektisch am Boden herum, bis sie endlich einen Weg nach oben entdecken und den Anstieg beginnen. Niemand möchte immer wieder Fehler machen. Und darum versuchen wir, alles zu kontrollieren, indem wir Modelle schaffen sowie Systeme und Methoden implementieren, um Fehler zu vermeiden. Aber wenn es um Ideen geht, gibt es keine Modelle, die für alle funktionieren. Ideengenerierung und Schöpfung gehören eher in den Bereich der Alchemie als in den der Wissenschaft. Wenn es eine sichere und eindeutige Formel gäbe, wären längst schon alle permanent erfolgreich. Also bleibt uns nur, es immer wieder zu versuchen, zu scheitern, aufzustehen und weiterzumachen. Wer länger am Ball bleibt und hinterfragt, was es bedeutet, »oben zu sein«, wird länger Erfolg haben.

9. DAS VERSAGEN DER GESCHÄFTSMODELLE

Besonders bei Existenzgründungen spielten Businesspläne lange Zeit eine wichtige Rolle. In volatilen und unsicheren Zeiten soll so ein Plan »luftige« Träume und Visionen greifbar machen, um Investoren zu beeindrucken. Obwohl es wichtig ist, einen Leitfaden zu haben und Werte, Prinzipien sowie Ziele zu definieren (und natürlich auch zu erreichen), lässt sich mittlerweile beobachten, dass der sich Fokus stärker auf die Lösung von Problemen und die Erleichterung des Lebens verschiebt. Von einer starren Fixierung auf den Businessplan geht es hin zu einer Problemlösungsmentalität: Welches (tatsächliche) Problem soll gelöst werden und warum? Ist diese Frage beantwortet, kann es losgehen. Denn das wilde Wissen, nach dem die Unternehmen suchen, ist verborgen und kann nicht in einem Plan dargestellt werden.

Was ich im Laufe der Jahre außerdem häufig beobachtet habe, ist, dass Gründer das falsche Geschäftsmodell gewählt oder nicht verstanden haben, wie sich das gewählte Modell auf die Lösung von echten Problemen auswirkt. Beides kann dein Projekt scheitern lassen. Es gibt viele Gründe, warum ein Unternehmen scheitert, und die Konzepte, die allem zugrunde liegen, sind ein wichtiger Faktor. Viele glauben, dass Businesspläne nur erstellt werden, um jemanden davon zu überzeugen, dass es einen Plan gibt. Ich bin jedoch überzeugt, dass ein richtig guter Plan hilft, sich zurechtzufinden, und die Arbeit innerhalb eines Unternehmens strukturiert. Es ist kein Geheimnis, dass viele Unternehmen kurz vor einem großen Durchbruch die Arbeit einstellten, weil sie den Erfolg nicht kommen sahen. Ausdauernd zu sein und an einem Plan festzuhalten ist also etwas, das sich auszahlt, solange man sich auf einen humanen Kapitalismus konzentriert und nicht nur auf Geld und Ego. Wenn du planst, deine Ideen, deine Storys und die Magie mit Modellen und Methoden zu verbinden, solltest du dir über ein paar Dinge Gedanken machen. Dafür solltest du dir die folgenden vier Fragen stellen.

1. Löst du echte Kundenbedürfnisse? Auch wenn wir denken, dass wir alle notwendigen Antworten kennen und viele großartige Ideen haben, kann es helfen, einen Blick von außen darauf zu werfen, eine »Outside-in«-Perspektive einzunehmen – höre also wirklich auf die Kunden und versuche, sie tatsächlich zu verstehen. Deine Produkte oder Dienstleistungen sollten ein echtes Kundenproblem lösen oder einen wirklichen Mehrwert schaffen. Frag dich selbst: »Was können wir besser als jeder andere?« »Welche Wertvorstellungen habe ich?« »Wie können wir das Leben unserer Kunden besser machen?« Deine Startposition verbessert sich, wenn du diese Fragen beantworten und auch sagen kannst: »Warum werde ich in zehn Jahren noch im Geschäft sein?« So hast du eine bessere Chance, zu überleben und unbegrenzt mitzuspielen – und somit auch erfolgreich zu sein.

2. Setzt du operative Exzellenz um? Viele Start-ups und Unternehmen scheitern an mangelhafter Umsetzung.

Diese erfolgt durch eine permanente Optimierung der Entscheidungsprozesse. Ist das nicht der Fall, werden die Unternehmen scheitern. Du solltest deine Organisation in einen kontinuierlichen »leichten Kriegsmodus« versetzen, während du versuchst, wie Robin Hood zu agieren. *Do, do, do, do! Mach es! Sei aktiv!* Konzentriere dich nicht auf das, was ist, sondern darauf, wie du sein willst. Setze dir Ziele, verfolge den Fortschritt und sorge im Unternehmen für eine motivierte, zukunftsorientierte Veränderungskultur – das ist entscheidend. Alles liegt verborgen (aber vorhanden) im Potenzial einer starken Umsetzungskultur: der operativen Exzellenz.

3. Hast du dein Geschäftsmodell infrage gestellt? Auch für ein Unternehmen, das ein echtes Problem löst, ist ein falsches Geschäftsmodell, dessen Unzweckmäßigkeit die Gründer und Eigentümer nicht erkennen, eine Stolperfalle. Vielleicht wurden Parameter wie die Akquisitionskosten (CAC) im Vergleich zum Customer Lifetime Value (CLV) unterschätzt oder falsch berechnet. Oder das Unternehmen ist auf eine Technologie angewiesen, die sich anders als benötigt weiterentwickelt. Angesichts von zunehmend komplexen Produkten und Systemen sowie großen Massen an Daten sind passende Modelle über einen längeren Zeitraum häufig schwierig vorauszuplanen; der beste Rat, den ich dir geben kann, ist, Klarheit in deine Gedanken zu bringen und sie mit Leuten zu teilen, die klüger sind als du. Suche nicht nach einer Universallösung (»one size fits all«), vergiss Trends, sondern nimm dir Zeit, um deine Gedanken und Vorstellungen zu hinterfragen, oder suche nach einer Mög-

lichkeit, externes – und vor allem unabhängiges – Feedback zu erhalten. Suche die Einschätzung von Menschen, die nicht von den Antworten profitieren, die sie dir geben; suche nicht jemanden, der darauf hofft, von dir engagiert zu werden, oder der sich nur als kompetent und wichtig darstellen will; suche jemanden, der dir echte und ehrliche Antworten gibt. Scheue dich nicht, dich zu öffnen und dich beraten zu lassen, auch wenn das schmerzhaft sein kann, auch wenn du dir dabei womöglich klein und dumm vorkommst. Heute liegt die wahre Macht bei Gruppen und Netzwerken, nicht bei Einzelpersonen, die auf alten Strukturen beharren oder versuchen, ihre Unwissenheit zu überspielen.

4. Kennst du deine oberste Priorität? Immer wieder ist ein Unternehmen Gefährdungen von außen ausgesetzt, seien es rechtliche Veränderungen, auf die es zu reagieren gilt, oder Wettbewerber, die dieselben Versprechen an Kundennutzen zu einem niedrigeren Preis anbieten. Vielleicht arbeiten sie auch mit einer besseren Technologie. Auf solche Störfeuer vorbereitet zu sein ist schwierig, aber zumindest sollten sich alle Unternehmen, insbesondere Start-ups, dieser potenziellen Hindernisse bewusst sein. Du solltest immer deine wichtigsten Prioritäten im Blick behalten. Dazu gehört zum Beispiel dein Zeitplan.

Es ist äußerst hilfreich, enge Fristen einzuhalten. Wenn du einen fixen Rollout-Termin festgelegt hast, greift alles ineinander. Als Steve Jobs das iPhone entwickeln wollte, skizzierte er die Funktionen, die es haben sollte, und legte einen Termin fest, bis zu dem es fertig sein sollte; der Rest ist Geschichte.

Entscheidend ist, ob du deine oberste Priorität definieren kannst oder nicht. Zu wissen, was das Wichtigste ist, stellt alles andere in einen Zusammenhang und ermöglicht, alle Aktivitäten aufeinander abzustimmen; zudem haben auf diese Weise alle Menschen in deinem Unternehmen eine gemeinsame Richtung vor Augen, in die sie arbeiten können. Wenn du deine oberste Priorität nicht kennst und deine Aktivitäten nicht darauf ausgerichtet sind, erwachsen daraus Probleme. Arbeitet man gleichzeitig an mehreren Prioritäten, verlangsamen sich die Dinge, weil die Energie im Unternehmen und die der Mitarbeiter verpufft, wenn niemand so richtig weiß, was zu tun ist und bis wann. Wie stets und überall müssen wir auch in diesem Punkt vor allem unsere eigenen Einstellungen hinterfragen und so gut wie möglich vorbereitet sein. Über verschiedene Methoden zu verfügen ist entscheidend, dennoch solltest du dich unbedingt auf das konzentrieren, was für dich und deine Umgebung funktioniert.

> *»Alle Wahrheit durchläuft drei Stufen. Zuerst*
> *wird sie lächerlich gemacht oder verzerrt.*
> *Dann wird sie bekämpft. Und schließlich wird*
> *sie als selbstverständlich angenommen.«*
> Arthur Schopenhauer

Was aber machen wir, wenn Modelle und Methoden versagen? Obwohl es offensichtlich ist, dass viele alte Modelle inzwischen überholt sind, halten wir an ihnen fest, um neue Dinge zu erklären, und zwingen alle Beteiligten, sich danach zu richten. Das bringt uns zwangsläufig in problematische Situationen. Wir brauchen neue Ideen, neue Wege, um unsere Modelle anzupassen. Wir leben in einer neuen Zeit, sind aber in alten Strukturen gefangen. Die Philosophie lehrt uns, unsere Gedanken klar zu definieren, während die Wissenschaft uns mit wachsender Geschwindigkeit beibringt, wie wir das Alte auf eine Art und Weise erklären können, die wir verstehen, oder auf eine neue Art und Weise, die wir zuvor nicht erkennen konnten. Diese Ideen sind jedoch nicht die Treiber des Wandels. Vielmehr fungieren sie als Lückenfüller, oftmals werden sie als etwas Mysteriöses angesehen, zu früheren Zeiten waren sie sogar mit religiösen Überzeugungen verbunden: »Das war Gottes Werk.« Die eigentliche Herausforderung für Unternehmen besteht jedoch darin, etwas zu erfinden, das ein Kundenproblem löst oder das Leben der Kunden in irgendeiner Form leichter macht. Das ist das wahre wilde Wissen, das Unternehmen suchen. Wenn wir es schaffen, vor anderen dieses wilde Wissen und die dazugehörige Technologie zu entdecken und zu zähmen, können wir unsere Führungsposition halten, und zwar indem wir unser Unternehmen und uns selbst immer wieder neu erfinden.

Dass wir heute alles messen müssen, stellt jedoch ein Problem für die Entwicklung von Ideen und Kreativität dar. Wir wollen die Kontrolle haben. Wenn möglich, wollen wir sie in Modelle, Methoden und Berichte einbinden, damit wir Fortschritte messen können. Menschen müssen sich dem unterordnen. Der Prozess der Ideenfindung umfasst die Betrachtung aller Möglichkeiten, die Visualisierung und den Blick nach vorne. Wir neigen aber dazu, den Prozess mit der Analyse und Bewertung zu beginnen, während die ideale Reihenfolge andersherum wäre: die retrospektive Analyse und Bewertung nach Beendigung der Reise. Diese beiden Schritte sollten immer den Abschluss darstellen und keine parallelen Aktivitäten sein.

Die Angst, nicht über die Kontrolle zu verfügen (oder die Angst vor Unklarheiten), ist ein weiterer häufiger Methodenfehler, der eine Zusammenarbeit zwischen Menschen behindert. Wir wollen erklären können, warum Dinge passieren, und wir wollen, dass sich Dinge addieren; wir wollen somit das Wissen besitzen, kontrollieren und alles delegieren. Aber so funktioniert die Welt nicht, es wird immer Dinge geben, die man nicht begreift, und große Ideen entstehen oft aus genau diesem Chaos. Der Managementvordenker und Autor Marcus Buckingham beschäftigt sich in seinem Buch *Erfolgreiche Führung gegen alle Regeln. Wie Sie wertvolle Mitarbeiter gewinnen, halten und fördern* exakt mit diesem Thema. Einige Dinge funktionieren einfach besser als alles, was wir vorher gemacht haben, auch wenn wir mitunter nicht wissen, warum. Im Nachhinein kann unser analytischer Verstand versuchen, eine sich selbst bestätigende Plausibilität zu finden, um das Funktionieren zu rechtfertigen. Ganz egal wie: Du musst für dich Wege finden, um mit der ganzen Unordnung zurechtzukommen oder jene Aspekte, die keinem Modell oder keiner Struktur folgen, einfach zuzulassen, damit das Potenzial deines Teams befreit werden kann. Sei dir sicher: Es ist keine Schwäche, Dinge zu akzeptieren, die gut funktionieren,

auch wenn du nicht verstehst, warum. Lass einfach los …
und mache weiter.

Der Wunsch, alles in Modelle und Strukturen zu quetschen, kann zu einer sogenannten »Analyselähmung« führen: Wenn du dich darauf versteifst, so viele Informationen wie möglich zu sammeln – oder wenn du zu viel Zeit damit verbringst, über ein Problem nachzudenken –, fließt dein Verstand sozusagen über und du verlierst deine Handlungsfähigkeit. Der Schlüssel liegt in der Fähigkeit, rechtzeitig die Informationssammlung abzuschließen, um dann ergebnisorientiert zu handeln, und zwar am besten im Dialog mit anderen Menschen, die über andere Erfahrungen verfügen und andere Intuitionen besitzen.

Wofür auch immer du dich entscheidest: Du musst noch heute deine Komfortzone verlassen. Was morgen schon als selbstverständlich angesehen wird, erscheint heute noch als unmöglich. Beschränke dich nicht auf vergangene Erfahrungen. Suche stattdessen nach neuen.

Eine Technik, die häufig unterschätzt wird, unser Handeln aber oft falsch beeinflusst, ist die sogenannte Verfügbarkeitsheuristik, auf Englisch »availability heuristic«. Dies ist im Grunde eine mentale Abkürzung für Entscheidungsträger, die das Gewicht auf neuere Informationen und Ereignisse legt. Bei dieser Art des Denkens beziehen wir uns auf unsere persönlichen Erfahrungen bei einem bestimmten Thema, einem Konzept, einer Methode oder Entscheidung. Da wir uns leicht an jene erinnern oder uns bequem damit identifizieren können, halten wir unsere Erfahrungen für gültig und wichtig, oder messen ihnen zumindest mehr Wert bei als den Alternativen. Basierend auf den Vorurteilen, die aus früheren Erfahrungen oder erinnerten Informationen und Emotionen resultieren, beurteilen wir zukünftige Themen.

Hinzu kommt die Weiterentwicklung – und unser eigenes Verständnis – des Internets und der sozialen Medien, mit deren Hilfe wir heute sofort erfahren können, welchen Tendenzen Massenmenschen folgen oder wie Massenmeinungen lauten. Digitale Medien haben ohne jeden Zweifel die Art und Weise beschleunigt, wie wir uns mit der ganzen Welt verbinden und vereinen. Aber was einst als Allheilmittel zur Befreiung von Gesellschaften und das Zusammenrücken aller Menschen galt, hat in jüngster Zeit seine Mängel offenbart.

Wir stehen jetzt vor der Herausforderung, auf Gerüchte und Fake News, die über diese Kanäle an Millionen von Menschen herangetragen werden, in außerordentlich kurzer Zeit zu reagieren. Wir haben selbst geschaffene Echokammern, in denen wir dazu beitragen, dass die Vorurteile der Gruppe von Menschen, denen wir folgen und an die wir glauben, der Wahrheit entsprechen. Wir ignorieren alle anderen Meinungen, schalten sie stumm oder blockieren sie. Es ist schwierig geworden, auf Überzeugungen einzuwirken, sobald sie an Dynamik gewonnen haben. Wir werden gezwungen, voreilige Schlüsse aus Meinungen zu ziehen, die in 280 Zeichen gepackt sind, gerade wenn es um komplexe globale Themen geht, die Emotionen und heftige Debatten auslösen. Wir vergessen, dass hinter den Online-Avataren echte Menschen stecken. Und haben wir unseren Standpunkt einmal veröffentlicht und gepusht, sind wir nicht mehr daran interessiert, unsere Ansichten zu revidieren, auch wenn später neue, anders lautende Beweise bekannt werden. Die heutigen Kommunikationskanäle können so mächtig und provokant sein wie das Radio zu Zeiten Adolf Hitlers. Wir sehen an Donald Trump, dem Islamischen Staat (IS) und den rechten Bewegungen in Europa, was in kürzester Zeit daraus entstehen kann. Durch diese Polarisierung wird die Technologie zu einem Problem, nicht zu einer Lösung, und es kostet uns viel Mühe, sie wieder einzufangen.

Die Antwort auf dieses Phänomen lautet: laut denken (gemeinsam mit anderen) oder sich Zeit zum Reflektieren und Nachdenken nehmen. Das ist jedoch schwierig, da es Zeit braucht, und wenn wir eines heute nicht haben, dann ist es Zeit. Schließlich dürfen wir den nächsten Tweet von Trump & Co. nicht verpassen. Deshalb ziehen wir es vor, uns unsere Meinung danach zu bilden, wie Ideen und Gedanken präsentiert werden und was wir in den sozialen Medien gelesen und gesehen haben. Wir haben keine Zeit, die wesentlichen Fragen zu durchdenken, also folgen wir unserem Vorurteil. Überwältigt von einer Flut von Informationen und abgelenkt von zahlreichen Dingen, die Zeit und Aufmerksamkeit beanspruchen, akzeptieren die Massen vermeintliche Antworten auf der Grundlage gestörter Urteile. Unsere Antworten und Überlegungen sind nicht einmal für uns selbst mehr plausibel – wenn wir uns mal tatsächlich Zeit nehmen und wirklich darüber nachdenken –, aber trotzdem machen wir immer weiter mit wachsender Geschwindigkeit.

Um das Übergewicht auszugleichen, das heute einseitige, sensationsgetriebene und wütende Beiträge erlangt haben, müssen wir an diesen Strukturen arbeiten und Kanäle ermöglichen, die in irgendeiner Form Bestätigung und Belohnung dafür liefern, dass auf ihnen rücksichtsvoll und zivilisiert kommuniziert wird. Statt schiere Zahlenmengen von Klicks und Seitenaufrufen zu belohnen, müssen wir Wege finden, um qualitativ hochwertigere Gespräche zu fördern. Statt die Gesamtzahl der Leser zu messen, sollten wir uns darauf konzentrieren, welche Beiträge einflussreiche Menschen – jene mit gesellschaftlicher Bedeutung – gelesen haben und auf welche sie reagiert haben. Darüber hinaus müssen wir es gesellschaftlich akzeptabel machen, Meinungen zu ändern, konstruktive kontroverse Diskussionen belohnen und einen offenen Dialog fördern, statt nur rohe Meinungen zu verbreiten.

Wir können diese Art von Veränderung fördern, indem wir Zeit mit Menschen verbringen, die eine andere Denkweise haben als wir – Menschen mit unterschiedlichem Hintergrund –, um eine große Vielfalt an Erfahrungen kennenzulernen. Andere Menschen sind eine wertvolle Inspiration zur Überwindung unserer eigenen Grenzen, das sollten wir verstehen lernen. Noch haben wir nicht alle Antworten auf die Fragen, welche die sozialen Medien aufwerfen. Aber wir müssen offen sein für durchdachte Diskussionen und wir müssen die Technologie zähmen und das Internet mithilfe neuer Methoden und Methodologien befreien – und zwar im Dienste der Schaffung und Verbreitung von Ideen.

10. DIE MAGISCHE FORMEL (DIE KEINE FORMEL IST)

Ein Modell, das dem entgegenwirkt, was schlecht funktioniert, seit wir begonnen haben, Löwen in der Savanne zu jagen und Pyramiden entlang der sandigen Abschnitte des Nils zu bauen, ist: Zusammenarbeit. Heute, da die Komplexität zunimmt, ist Zusammenarbeit wichtiger denn je. Nur gemeinsam können wir es schaffen. Es liegt so viel Potenzial darin, wenn verschiedene Gruppen über vermeintliche Unterschiede hinweg zusammenwirken. Nachfolgende Generationen werden in einer besseren Welt leben, wenn wir beginnen, sie für den Wandel zu rüsten. Zu viele junge Menschen sind frustriert, weil wir ihren Standpunkt nicht hören wollen oder verstehen. Der Schlüssel liegt in der Förderung von Ko-Kreation und Gesprächen; und zwar nicht irgendwelcher Gespräche, sondern tief greifender Dialoge zwischen radikalen Positionen, Foren, in denen sogar die schlimmsten Feinde friedlich zusammenkommen, sich gegenseitig respektieren und neue Lösungen erschaffen können.

Unser Fortschritt als Gesellschaft hängt von der Schaffung eines kollektiven *Wir* ab. Es geht heute um *WeQ* statt IQ, um eine Wir-Ökonomie. Interdependenz und die Erforschung von Gemeinsamkeiten, nicht die Friktion von Differenzen, fördern *Ideen*. Als Gruppen – egal ob wir nach

Ethnie, Geschlecht, Interessen oder finanzieller Situierung kategorisieren – dringen wir gemeinsam in Randgebiete vor, indem wir nicht die Gemeinsamkeiten betonen, sondern unsere Unterschiede erkunden, um Ideen zu nutzen. Wie auch immer man es ausdrücken will: Zusammenarbeit ist unerlässlich. Die Annahme, die dem zugrunde liegt, ist, dass die Bandbreite unserer kollektiven Standpunkte reichhaltiger sein wird, je größer unsere Unterschiede sind.

Wenn wir einen Blick hinter die Kulissen werfen, war das gemeinsame Erschaffen – oder eben Zusammenarbeit – im Laufe der Geschichte immer wieder der Weg zum Erfolg. Ein gutes Beispiel dafür ist Thomas Edison und der Teamansatz, den er verfolgte, eine Kultur der Partizipation und der Kreation. Edison sammelte Mitarbeiter um sich bei den sogenannten »Midnight Lunches« (ein Konzept, das Sarah Miller Caldicotts in ihrem gleichnamigem Buch beschreibt): Abends traf er sich in seinem Labor mit seinem Team von acht bis neun Personen, um Ideen zu besprechen. Während des Ausprobierens verschiedener Ideen – durch Adaption, durch Übernahme aus anderen Feldern und durch Gedankenaustausch – wurde aus der Gruppe von Mitarbeitern ein echtes Team von Kollegen. Von da an gewannen sie wichtige Erkenntnisse durch die kollaborative Entwicklung von Ideen und schufen gemeinsam Neues.

Aber Vorsicht. Diese Art der Zusammenarbeit kommt nicht zustande, wenn große Konzerne ein paar Dutzend 50-jährige weiße Männer aus dem mittleren und oberen Management – alle gekleidet in dunkle Anzüge, alle von den gleichen wenigen Universitäten – in eine Controlling-Abteilung mit starren KPIs und ROIs stecken, damit sie innovative neue Ideen formulieren. Wie zum Teufel soll dabei etwas Innovatives herauskommen? Ideal sind kleine Teams aus zwei bis acht Personen, unter ihnen sowohl Spezialisten als auch Generalisten, agierend mit gegenseitigem *Vertrauen* und einem gemeinsamen Ziel. Diese Individuen müssen mit Offenheit und der Überzeugung ausgestattet sein, dass Versagen keine Option ist. Kreation bedeutet *Lernen*, nicht nur die Erledigung von Aufgaben. Der kollaborative Ansatz für neues Lernen besteht darin, die vorhandenen Antworten zu hinterfragen. Geht es um die Umsetzung, muss es in vielen Fällen (oder in den meisten, nein, in *allen* Fällen) ein Gleichgewicht geben. Bestimmte übergeordnete Dynamiken müssen respektiert werden. Das bedeutet, die Fähigkeiten und die fantasievollen Ideen sogenannter kreativer Menschen – ganz gleich ob sie »rechts-« oder »linkshirnig« sind – müssen mit dem Input jener gepaart werden, die in Fragen der Strukturierung und Umsetzung stärker sind. Im kreativen Prozess müssen jedoch die Kraft und das Gesetz des Denkens respektiert werden. Nur sehr wenige Unternehmen ziehen dies in Betracht, wenn sie an Veränderungen arbeiten und versuchen, spezielle »Task Forces« für die Entwicklung neuer Ideen zu bilden.

Am Anfang ist keine Idee gut. Ich war bei vielen Meetings dabei, besonders in größeren Unternehmen, in denen Ideen oder die kreativen Menschen, die sie hervorbringen, von Bedenkenträgern ausgebremst werden. Ich habe miterlebt, wie diese Obstruktionisten den Schöpfungsprozess zerstörten, indem sie ein einfaches »Ja, aber ...« einwarfen. Es ist an der Zeit, dass diese Leute beiseite treten und die Party den Verrückten überlassen oder zumindest ihnen mehr Platz einräumen. Es gibt so viel zu gewinnen, wenn wir das Potenzial der Mitgestaltung und Zusammenarbeit über unterschiedliche Mentalitäten, Erfahrungen, Hintergründe und Meinungen hinweg erkunden. Man könnte für diesen Ansatz mit voller Berechtigung mit einer »Geld-zurück-Garantie« werben. Probiere es aus; du kannst ja jederzeit zu den alten starren Strukturen zurückkehren, wenn du mit den Ergebnissen nicht zufrieden bist.

11. TRÄUME & FLOW

Bye bye Blablaland! Es ist Zeit, diesen
Bullshit zu unterbinden.

Ich möchte diesen Teil des Buches mit einem Blick auf eine weitere menschliche Komponente im Konzept der *Ideen* abschließen. Dafür befassen wir uns noch einmal mit dem wunderbaren Begriff »Mensch«. Auch das Auf und Ab des Wissens in jüngster Zeit wird uns beschäftigen und wir achten noch einmal genauer darauf, wie wir uns durch die Ebenen des Bewusstseins bewegen.

In unserem unbewussten Geisteszustand träumen wir. Das Schöne am Träumen ist, dass es uns erlaubt, in neue Realitäten abzutauchen und die Leiter der Kreation und der Fantasie hinauf und hinunter zu klettern. Die Art und Weise, wie wir über Fortschritt nachdenken, und viele unserer Errungenschaften sind aus Träumen entstanden – einfach dadurch, dass kleine Ideen einen Funken entfachten.

Aber lass uns mit etwas Einfacherem beginnen. Überleg mal, wie sollte in 20 Jahren die Schlagzeile eines Zeitungsartikels über dein Unternehmen lauten? Oder die Schlagzeile eines Artikels über dich persönlich? Was sollte da stehen? Schreib dir deine ideale Überschrift an die Wand.

Mach sie zu deinem Ziel – zu deinem Traum, wenn du so willst – und folge ihm. Was du dir von einer möglichen Zukunft erträumst, kann eine wirklich starke Wirkung haben. Wenn du deine Träume aufschreibst, werden sie wahr. Wenn du es in deinen Träumen siehst, wird es auch geschehen. Es gibt so viele Beispiele dafür, dass Menschen sich eine Zukunft erdacht haben, die dann auch eintrat. Im Laufe der Geschichte war dies mehrfach der Fall, heute jedoch, in unserer hektischen Welt, wissen viele Menschen nichts mehr von diesen Möglichkeiten. Das macht es ihnen schwer, sich etwas vorzustellen und zu erträumen. So viele resignieren, weil sie denken, dass der Weg zu lang ist, oder weil sie fürchten, dass sie scheitern werden. Aber wenn du einen Traum hast, eine Vision von der Zukunft, wird dies zu mehr als nur einem Bild auf der unteren Ebene des Bewusstseins; der Traum wird immer klarer, je mehr du deinem (lebendigen) Bild folgst. Ein Traum kann dir die Orientierung bieten, die dich irgendwann irgendwohin führen wird. Entscheidend ist, ob man es sehen kann oder nicht. Und wie eingangs gesagt: Wir haben heute die Macht, das zu tun, was wir wollen – wir alle sind »Macher«, aber wir brauchen etwas, das wir uns vorstellen können. Welches ist deine Vision von der Welt? Wovon träumst du? Was würde dich glücklich machen?

Erlebe deinen Traum mit offenen Augen – ignoriere das Lärmen der realen Welt. Wage es, deinen Traum laut auszusprechen. Zu viele Menschen behalten ihre Gedanken für sich. Wenn du übst, zu deinen Gedanken zu stehen und deiner inneren Geschichte zu vertrauen, wirst du schließlich in der Lage sein, den Zustand zu erreichen, den man »Flow« nennt.

Der Zustand des Flow ist jener, in dem man etwas imaginiert. Es ist ein Zustand der Klarsichtigkeit, in dem alles auf einen Fokus ausgerichtet ist und in dem deine Träume in Verbindung mit deiner Erfahrung, deiner Weisheit und deinem Wissen extrem wirksam sind.

Es gibt viele Beispiele von Genies unserer Vergangenheit, die sich im Zustand des Flow befanden, als sie ihre Ideen verwirklichten, ihre Kunst ausübten und ihr volles kreatives Potenzial ausschöpften. Doch obwohl es uns vielleicht wie ein Traum vorkommt und wir uns leicht und klar fühlen, wenn wir »im Fluss« sind, so müssen wir doch einsehen, dass es keine »Treppe zum Himmel« gibt, keine gerade oder exponentielle Linie, die direkt nach oben führt. Selbst im Zustand des Flow gibt es keine Hinweise darauf, ob du auf dem direkten Weg zum Erfolg bist oder kontinuierlich Erfolge feiern wirst. Um in diesen Zustand zu gelangen, muss man oft sehr starken Hemmnissen widerstehen. Ein Künstler, der sich definitiv im schöpferischen Flow befand, war Vincent van Gogh. Er schuf mehr als 2.000 Gemälde, verkaufte aber zu seinen Lebzeiten nur ein einziges: »La Vigne Rouge« (Der rote Weinberg); im Alter von 37 Jahren beging er Selbstmord. Van Gogh war zu Lebzeiten nicht erfolgreich, doch es gibt Beispiele von Menschen, die dem Druck standhielten und die nächste Stufe erreichten. Einer von ihnen ist Michael Jordan, der zur menschlichen Marke avancierte. Er wurde aus seiner High-School-Basketball-Mannschaft hinausgekickt, weil er nicht gut genug war – um dann als einer der größten Spieler der Geschichte zurückzukehren. Oprah Winfrey musste sich anhören, dass sie nicht fürs Fernsehen geeignet sei. Walt Disney wurde gesagt, er habe keine Fantasie. Dies sind Beispiele für Menschen von bescheidener Herkunft, aber mit großen Träumen, welche die Geschichte in verschiedenen Bereichen des Flow neu schrieben.

Den Flow zu finden – oder sich im Zustand des Flow zu befinden – reicht bis in die chinesische Philosophie zurück. Um das Jahr 500 vor unserer Zeitrechnung versuchten die Begründer des philosophischen Begriffs des Taoismus sowie die Denker Konfuzius und Laotse (auch Lao-Tzu oder Lao-Tze genannt, was wörtlich »der alte Meister« bedeutet), *Wu Wei* zu erreichen, einen Zustand des spontanen Flow, was wörtlich »Nichthandeln« oder »Nichttun« bedeutet. Mittels Meditation und Rituale brachten sich die alten Chinesen in diesen Geisteszustand; um ihn zu erlangen, nahmen Menschen außergewöhnliche Anstrengungen auf sich. Im Sport wird dieser Bewusstseinszustand oft beschrieben als »im Moment sein« oder »in der Zone sein«. Die Zeit scheint sich zu verlangsamen, alle Geräusche von außen werden abgeblockt und man ist in der Lage, sich mit all seiner Leidenschaft intensiv auf das zu konzentrieren, was man tut. Künstler beschreiben dies auch als einen Zustand, in dem sie die Zeit aus den Augen verlieren und auf einem Niveau agieren, von dem sie bislang nur geträumt hatten.

Man betritt diese »Zone« nicht dann, wenn man es will oder wenn man einfach nur daran denkt. Es läuft andersherum: Wenn du das Spiel voll und ganz, mit Liebe und Leidenschaft spielst, kann es sein, dass die »Zone« dich findet und du für dein Training, deine Fokussierung und deine Hingabe belohnt wirst. Vincent van Gogh und viele Künstler haben diesen Zustand erreicht, in dem die Abstraktion und die Vereinfachung von Totalität sowie das Genialische der Träume fließen und auf die physische Welt projiziert werden. Ähnlich wie im Fall Van Goghs wird dies nicht immer von den Zeitgenossen erkannt und zudem kehren viele Menschen ihrer Kunst den Rücken, bevor sie ihre Könnerschaft, ihre Leistung oder ihr Leistungspotenzial voll erfassen.

Aber dieser Zustand des »In-der-Zone-Seins« ist kein Glück oder etwas, das jemand einfach hat, sondern es ist das Ergebnis fortwährenden Trainings – das man auch beibehält, wenn man erschöpft ist und zweifelt, und bei dem man sich dann noch einmal extra anstrengt. Wir begrenzen und beschränken uns aufgrund unserer Erfahrung und Geschichte. Wir müssen loslassen und nach unseren Vorstellungen leben.

Den Flow kann man nur in einer vertrauensvollen Umgebung, in wirklicher Kollegialität erleben. Du musst Teil eines Teams sein, in dem du das Gefühl hast, aufleben und Aufgaben erledigen zu können. Bei einem Fußballspiel blicken die Zuschauer beim letzten Schuss ängstlich einander an, als ob sie ein starkes Gefühl des Vertrauens und des Glaubens suchten, das hilft, das Magische Wirklichkeit werden zu lassen. Für Künstler taucht der Zustand des Flow nicht einfach aus dem Nichts heraus auf, sondern dieser entwickelt sich meist aus dem Prozess heraus. Schriftsteller berichten oft: »Ich starre stundenlang auf ein leeres Blatt

Papier, bis Blut von meiner Stirn tropft … und dann fange ich an zu tippen.«

Aber was wäre, wenn unsere Welt tatsächlich nur ein Ergebnis dessen ist, wovon wir glauben, dass wir es erreichen können, und das sich ausschließlich aus unseren Träumen entwickelt? Vielleicht sind Träume wirklich so mächtig. Was aber schränkt dann unsere Vorstellungskraft ein? Werden wir der Lösung der Mysterien der Träume und des Flow näher kommen?

Träume, sich im Zustand des Flow zu befinden, immer wieder neu anzufangen (und noch mal), sowie forcierte Glücksfälle – das alles zusammen ist es, was Ideen zum Leben erweckt.

Alle Unternehmen suchen danach; wir sind berauscht von Start-up-Träumen und dem Versprechen von Innovationen, sowohl vertikal als auch horizontal. Das ist etwas Schönes, an dem jeder teilhaben kann. Beginnen, gestalten, ausprobieren, versagen, lernen, kopieren und stehlen, Glück haben, bestehende Modelle ändern und mit unterschiedlichen und spannenden Menschen arbeiten. Letzten Endes gibt es kein stärkeres Du als dich selbst. Du kannst jeden Tag etwas bewegen mit deiner »fehltastischen« Art und Weise, »menschlich« zu sein. Wir sollten uns immer daran erinnern, dass unser Potenzial hinsichtlich von Ideen und Magie sehr viel größer ist, als wir heute denken.

Führungskräfte größerer Unternehmen oder erfolgreiche Geschäftsleute kommen häufig zu mir mit ihren Problemen und der Frage: »Was soll ich tun?« Meine Antwort ist ganz einfach: »Geh zurück, träum es noch einmal und leg los.«

TEIL III
FOKUS & VEREINFACHUNG

»Die für uns wichtigsten Aspekte
der Dinge sind durch ihre Einfachheit
und Alltäglichkeit verborgen.«
Ludwig Wittgenstein

Bei einem Mittagessen stellte mir ein guter Freund die Frage aller Fragen. »Anders«, wollte er wissen, »in welcher Sprache denkst du?« Ich sah ihn an und antwortete wie üblich: »Eine seltsame Frage, und eine, die mir immer wieder gestellt wird.« Dann drehte ich es um, wie ich es immer tue, und fragte zurück: »In welcher Sprache denkst du?« Als Deutscher mit deutschen Wurzeln sah er mich verwirrt an und wunderte sich offensichtlich, warum ich das überhaupt fragte. Seine Antwort war klar und konventionell: »Deutsch!« Wegen meines mehrsprachigen Hintergrunds ist mir diese Frage im Laufe der Jahre immer wieder gestellt geworden und sie hat mich immer irritiert.

»Ich weiß es nicht«, fuhr ich fort. »Ich denke einfach nicht in einer bestimmten Sprache oder in gesprochenen Worten. Ja, es gibt Gespräche, die ich in meinem Kopf führe, und ich habe bemerkt, dass ich dazu tendiere, diese in der Sprache zu denken, die für das Thema am relevantesten ist, oder in der Sprache, in der ich mich ausdrücken möchte.

Aber meine innersten Gedanken denke ich in Bildern. Das Selbstgespräch ist nur ein sehr kleiner Teil dessen, wie wir denken.« Ich vermute, dass er von meiner Antwort sowohl überzeugt als auch verwirrt war. Obwohl ich als Student der Kunst des Philosophierens diese Antwort schon oft gegeben habe, war ich diesmal daran interessiert, mich der Wissenschaft zuzuwenden und die Frage näher zu betrachten.

Es gibt eine Menge Literatur zu diesem Thema. Dank ihrer konnte ich mich schlussendlich entspannt in dem Wissen zurücklehnen, dass ich kein Spinner bin, wenn auch zugegebenermaßen in manchen Bereichen mein Gehirn irgendwie »Anders« ist …

Wenn du dir die gleiche Frage stellst und wirklich darüber nachdenkst, wirst du feststellen, dass die Worte, die wir sprechen oder schreiben, ein mündlicher oder visueller Ausdruck, eine Analogie dessen sind, was unser Geist produziert. Aber es steckt so viel mehr dahinter als nur der Kern des Denkens im Zusammenhang mit einer bestimmten Sprache. Die Denksprache ist unabhängig von der Sprache, die wir sprechen; sie ist stattdessen eine grundlegende, universelle Form der menschlichen Kommunikation.

Gesprochene Sprache – die Artikulation unserer Gedanken mithilfe eines begrenzten Wortschatzes – ist nur ein sehr kleiner Teil des Prozesses. Zuerst visualisieren wir den Monolog, dann malen wir das Bild. Wir erstellen mentale Modelle und visuelle Karten, die unsere Definition der »realen Welt« sind. Sie werden mithilfe unserer Erfahrungen und des zuvor gespeicherten Wissens kartiert. Die alte Lebensweisheit »Denke, bevor du sprichst« bedeutet nichts anderes als »sich vorzubereiten«. Das ist sicherlich in vielen Fällen wichtig, aber es dämpft doch Kreativität und Spontaneität.

Ein philosophisches Konzept, das ich im Laufe der Zeit entwickelt habe, ist das »laute Denken«, über das wir ja schon weiter oben sprachen. Als der Papst Michelangelo fragte, wie dieser sein Meisterwerk, die berühmte David-statue, geschaffen hätte, antwortete der Künstler: »Der David steckte von Anfang an in dem Marmorblock. Ich habe nur entfernt, was überflüssig war.« In welcher Sprache hat er das getan? Laut zu denken bedeutet, zuzulassen, merkwürdige Prozesse des Menschseins auf die Realität zu projizieren. Hieß es einst: »Ich denke, also bin ich«, gilt heute: »Ich bin, also denke ich.« Unsere Neuronen beginnen zu feuern, in unserem Kopf formen sich neuronale Netz-werke – und erst dann nehmen wir dies wahr und sprechen die Worte aus beziehungsweise projizieren diese Gedanken auf die Realität. Laut zu denken und dies zuzulassen ist also eine Form des Lernens, indem wir wahrnehmen, was wir schaffen, oder wahrnehmen, was wir sagen, und auf diese Weise neue Prozesse anstoßen.

Wenn du darüber nachdenkst, wie sich ein scharfes Messer anfühlt, oder an den Geschmack einer frisch im Garten gepflückten Erdbeere denkst oder an die Rauch-wolke, wenn du an jemandem vorbeigehst, der eine Ziga-rette raucht – welches ist die Sprache dieser Gedanken? All diese Wahrnehmungen basieren auf unseren Erfahrungen, unseren Gewohnheiten und Sinnen, unseren mentalen Mo-dellen – wie wir das Zeug in unserem Kopf verstehen und definieren – und unserem eigenen einzigartigen Verständnis der »realen Welt«. Das Zuschlagen einer Tür. Das Weinen eines Babys. Welches ist die Sprache dieser Gedanken?

Die Kognitionswissenschaft und die Linguistik lehren uns, dass wir zwischen unserer internen Visualisierung von Worten – unseren eigenen Monologen – und den eigentlichen Gedanken dahinter unterscheiden müssen. Welches die Sprache deines Ziels? Welches ist die Sprache eines Klangs, eines Geruchs, eines Bilds oder anderer Objekte? Was ist mit dem Namen eines Menschen oder der Bezeichnung einer Sache, an die du dich im Augenblick nicht erinnern kannst, die dir auf der Zunge liegt? Welches ist die Sprache dieser Gedanken?

Die Kunst des Denkens führt uns zurück zu Platons berühmtem Höhlengleichnis, das hinterfragte, wie wir die Realität wahrnehmen. Und ganz gleich, aus welchem Blickwinkel wir es betrachten, wissen wir, dass Denken viel tiefer reicht als die Frage: »In welcher Sprache denkst du?« Die Kunst des Denkens geht über unser Bewusstsein hinaus und ist mit einer subjektiven Sichtweise unserer selbst ernannten Realität als Beobachter verbunden.

In vielerlei Hinsicht sind wir noch in Platons Höhle, und durch das Erfassen des wilden Wissens werden wir vorankommen. Diese schöne Fähigkeit zum Denken, zur Kreativität und zur Kunst des Denkens ist, so denke ich, die Reise des »Menschen«. Die Technologie ersetzt unsere definierten Aktivitäten der linken Gehirnhälfte, einschließlich des Denkens in Wort und Sprache. Wir wissen nicht, was Denken ist, wie oder wo es existiert. Wir können über alles nachdenken, reflektieren und noch über das Reflektieren nachdenken. Wir können an das Denken selbst denken. Wir Menschen unterscheiden uns darin von anderen Tieren, dass wir uns abstrakte Gedanken über Dinge machen können. Goldfische schwimmen nicht herum und machen sich Sorgen um ihre Karriere. Giraffen schauen sich nicht gegenseitig an und fragen sich, ob sie attraktiver wären, wenn sie einen längeren Hals hätten. Viele Dinge sind uns noch unbekannt und werden uns womöglich immer unklar und verborgen bleiben. In solchen Momenten wenden wir uns für Antworten an Gott und die Religion oder verlassen uns auf den Fortschritt der Wissenschaft.

Ideen von Reinkarnation und Unendlichkeit, die in alten indischen und ägyptischen Glaubenssystemen verwurzelt sind und die Nietzsche aufgriff, können einen einfachen Ausweg bieten. Aber vielleicht ist es in erster Linie unsere unbegrenzte Denkfähigkeit, die uns als Menschen definiert. Wie der französische Philosoph Blaise Pascal es ausdrückte: »L'homme est un roseau pensant« – der Mensch ist ein denkendes Schilfrohr. Pascal sah den Menschen als »ein schwaches Wesen/Objekt, das jedoch die Natur mithilfe des Denkens kontrolliert«. Als Beobachter und durch das Aneignen von Wissen haben wir einen Einfluss auf die Realität.

Die Herausforderung ist nicht, *was* man denkt, sondern *wie* man denkt. Zu lernen, wie man denkt, ist ein kontinuierlicher Prozess. In einer Zeit, in der wir uns schnell von IQ zum EQ (dem Emotionalen Quotienten) bewegen, sind wir, wie ich bereits sagte, womöglich die letzte IQ-Generation. Der logische und analytische Teil unseres Gehirns kann durch Maschinen ersetzt werden, aber das Denken wird uns von allem anderen unterscheiden, ein Punkt, den ich für wesentlich halte. Ich glaube, dass es uns nicht guttun wird, unser Gehirn »dem Netz« – der kollektiven Wissensmaschine – aufzupfropfen. Ich bin dafür, dass wir KI, Maschinen und die Zukunft erschaffen sollten, aber wir sollten unser mysteriöses Bewusstsein – unsere Fähigkeit, zu vergessen, zu verlernen und Fehler zu machen – nicht an eine Maschine binden, die diese lebenswichtigen Attribute auslöschen wird. Es bleibt eine interessante und relevante Frage, was mit der Grundlage unserer Moral und unseres Denkens, dem deutschen Idealismus im Sinne von Kant und Hegel, passiert, wenn wir versuchen, die digitale Superintelligenz zu bauen, die Singularität zu erreichen, wenn wir eine Ära des »Posthumanismus« anstreben. Die Subjektivität und womöglich die »klassische deutsche Philosophie« wird durch die rasante Entwicklung der Technologie auf den Prüfstand gestellt.

Aber wir sprechen hier von einer Vereinfachung, oder? Alles einfacher zu machen und wirklich richtig zu denken ist harte Arbeit, nicht wahr? Die höchste Komplexität im 21. Jahrhundert ist die Einfachheit. Sie fordert ein hohes Verständnis in Bezug auf das, was wir machen. Simplifizierung ist höchst komplex.

Der unendliche Teil des Denkens ist eine unvollständige Unendlichkeit; dies ist ein unaufhebbarer Widerspruch. Wir wissen nicht, wie weit Wissen und Denken in Relation zur Gesamtheit unserer Realität reichen. Das Denken ist unkontrolliert und das geschaffene Wissen ist wild. In der Bewusstlosigkeit, wenn wir schlafen, erschaffen wir Gedanken. Nur ein kleiner Teil davon kann kontrolliert werden; er zeigt sich in unseren verlorenen und tiefen Gedanken. Wir haben sprachliche Begriffe dafür geschaffen wie etwa »tagträumen«, »etwas liegt auf der Zunge« und »aus dem Kopf«, aber Gedanken entwickelten sich auf einer tieferen Ebene als unsere Fähigkeit, sie in Worten zu fassen.

Gedanken werden gedacht, sie werden aber nicht unbedingt geschrieben oder ausgesprochen und im Nachhinein erinnern wir uns an diese Momente und denken: »Ich hätte das aufschreiben sollen.« Oder erinnere dich an all diese Augenblicke unter der Dusche – die flüchtige, scheinbar zufällige Erinnerung an verloren gegangene Gedanken und Ideen.

Wie wir in Teil II – »Ideen & Magie« – besprochen haben, sind Gedanken (oder Ideen) – ob horizontal oder vertikal – wichtig, da sie bei der Anpassung an die bestehende Welt helfen und Innovationen vorantreiben. Aber ein zweiter Blick lehrt uns, dass diese »Innovationen« die Welt tatsächlich verändern.

Der effektivste Weg, ein besserer Denker zu werden und eigene Gedanken zu denken, ist, die Gedanken anderer Menschen zu überdenken. Es geht nicht darum, die richtigen Antworten zu haben, sondern darum, die richtigen Fragen zu stellen. Die einfachste aller Fragen ist: Warum? Sie öffnet die Türen zu deinen eigenen Gedanken auf viele unterschiedliche Arten. Es gibt auch verschiedene hilfreiche Methoden zur Bestimmung von Ursache und Wirkung wie beispielsweise die 5-W-Methode, bei der es darum geht, einfach fünfmal »Warum?« zu fragen, um einem Problem auf den Grund zu gehen. Die 5-W-Methode entspringt einer empirischen Studie über die Anzahl von Iterationen, die typischerweise zur Lösung eines bestimmten Problems erforderlich sind. Die Technik wurde ursprünglich von Toyoda Sakichi entwickelt, sie war das Herzstück seiner Toyota Motor Corporation, dank deren der japanische Automobilhersteller seine revolutionären Fertigungsmethoden hervorbrachte. Der 5-W-Ansatz wird inzwischen von vielen anderen Unternehmen – mit unterschiedlichen Mengen an Warum-Fragen – angewendet, um Zielsetzungs- und Entscheidungsprozesse zu optimieren.

Wie immer wird die Zukunft im Rückblick langweilig, vorhersehbar und einfach erscheinen, als ob wir alle sie hätten kommen sehen. Wie wir es in der Vergangenheit schon getan haben, werden wir auch diesmal technologische Durchbrüche als selbstverständlich erachten. Der Bestsellerautor und Wissenschaftler Tom Rath unterstreicht dies mit den Worten: »Worauf du in einem Jahrzehnt am stolzesten sein wirst, wird nichts sein, das aus deiner schlichten Reaktion resultiert.« Er schlägt vor: »Verwalte und steuere deine Kommunikation, online wie offline, übernimm die Kontrolle, statt dass die Kommunikation dein Leben bestimmt, indem du einfach auf etwas im reaktiven Modus reagierst. Es besteht die Gefahr, dass du am Ende einen Großteil deiner Zeit damit verbringst, nur auf die Bedürfnisse anderer Menschen zu reagieren, statt etwas Dauerhaftes zu erschaffen.« Der unbewusste Konsum von Informationen, sei es über Instagram, Netflix oder andere

Kanäle, ist die gefährlichste Droge der modernen Zeit. Vorgedankliche Impulse und das unbewusste Dahintreiben im unendlichen Informationsuniversum – beides führt dazu, dass wir nur reagieren – bedrohen die Menschheit ernsthaft. Was auch immer der technologische oder wissenschaftliche Fortschritt uns bringen wird, die Leader der Zukunft werden wieder diejenigen sein, die sich nach innen wenden und die volle Kraft ihres eigenen Geistes nutzen, um das infrage zu stellen. Sie werden dies durch das tun, was ich »laut denken« nenne.

Heute verbringen die meisten von uns zu wenig Zeit damit, darüber nachzudenken und zu reflektieren, was sie wirklich wollen. Eigentlich sollte es eine spezielle »Denkstunde« geben, die Manager und Führungskräfte regelmäßig in ihren Kalendern einplanen. Aber wegen unseres riesigen Medien- und Datenkonsums kann Fortschritt nur im Dialog und in der Interaktion mit Menschen mit unterschiedlichen Werten, Gedanken und Hintergründen entstehen. Darum ist das Konzept des »laut Denkens« nicht nur ein Weg, um das unstrukturierte wilde Wissen zu sortieren – und durch Vereinfachung auf alte oder neue mentale Modelle zu übertragen –, sondern auch eine kollaborative Form der Interaktion, um gemeinsam neue Gedanken und Denkweisen zu schaffen. Wir beobachten dies vor allem bei der jüngeren Generation. Während es früheren Generationen darum ging, Wissen um jeden Preis zu verbergen und zu schützen – aus Angst vor dem Verlust von Exklusivität und Kontrolle –, ist heute die bevorzugte Option, zu teilen und mitzugestalten. Vorbei ist die Zeit der

Weisheitsdinosaurier. Die heutigen Jugendlichen ähneln eher Legosteinen: Sie wollen Teil des größeren, vernetzten Ganzen sein. Sie sind Schöpfer, die in einer Kultur der Partizipation und Ko-Kreation leben.

Ich habe viele gute Erfahrungen mit dem »lauten Denken« gemacht: Diskussionen mit ihrer Kreativität und ihrem Flow führten hierbei zu Selbsterkenntnis und erschufen ein klareres Bild dessen, was ich erreichen wollte. Wenn ich die unterschiedlichen Aussagen einer Diskussion verfolge, kann ich meine Gedanken sortieren und später durch tieferes Nachdenken und Reflektieren zu ihnen zurückkehren und sie klären. Das ist eine gute Übung, um herauszufinden, was du wirklich meinst. Über Dinge zu sprechen, die stören oder die nicht angemessen oder »richtig« sind, kann ebenfalls eines gutes Denktraining sein. Wenn wir sagen: »Das ist ein Problem«, bedeutet das nicht unbedingt, dass es etwas Schlechtes ist. Es bedeutet nur, dass es besser sein könnte, und darüber zu sprechen hilft dir, in die richtige Richtung zu gehen. Es gibt selten nur den einen Weg oder die eine Lösung, meist muss man sich für einen von mehreren Wegen entscheiden. Indem du »laut denkst«, findest du Hilfe, um neue Gedanken zu entwickeln und Fortschritte zu erzielen.

Viele von uns lesen die Schlagzeilen der Medien und bilden sich nach ihnen ihre Meinungen. Ob wir es nun »kritisches Denken« oder »kreatives Denken« nennen, der Fokus sollte weder auf »kritische« noch auf »kreative« Überlegungen gerichtet sein. Vielmehr sollten wir uns auf den Teil mit dem »Denken« konzentrieren.

Ein großes Problem unserer Ansichten ist, dass sie von den Medien, Meinungsbildnerinnen, Kollegen und der Umwelt beeinflusst werden. Darum sollten wir uns mehr von großen Denkern und Denkerinnen inspirieren lassen und erkennen, dass es Raum für neue Entdeckungen gibt. Heute denken wir, dass die meisten Dinge so schlicht oder offensichtlich sind, dass jeder sie entdecken kann oder dass sie bereits entdeckt wurden, und alles andere scheint uns unmöglich. Aber wir sollten weiterhin nach Geheimnissen suchen mithilfe von Wissenschaft und Technologie. Wenn wir Unternehmen wie Uber und Airbnb betrachten, sehen wir, dass einfachste Geschäftsanforderungen und -modelle zu großem Erfolg führen können oder zumindest dazu, dass ein unglaublicher Wert kreiert wird, denn das ist es, was Kunden, also Menschen, wollen, manchmal ohne es selbst zu wissen. Nur wenn wir unsere Gedanken infrage stellen, werden mehr dieser innovativen Geschäftsmodelle entstehen und gedeihen. Kritisches Denken und Fragen gehen Hand in Hand. Welche Geheimnisse verrät uns die Natur nicht? Welcher Geheimnisse sind sich die Menschen nicht bewusst? Was versteckt sich im einfachen und langweiligen Alltag? Nur wenn wir richtig hinschauen oder die Dinge aus einer neuen Perspektive betrachten, werden wir das herausfinden.

Die Bedeutung des »laut Denkens« geht zurück auf Platon, den ersten wahren (und vielleicht größten) Philosophen, der vor 2.400 Jahren sein Leben damit verbrachte, Menschen zu helfen, »Eudaimonie« zu erreichen: Erfüllung. Er schrieb 36 Bücher, die auf vier zentralen Ideen basieren.

Laut Platon müssen wir mehr denken, denn wir nehmen uns selten Zeit, sorgfältig und logisch nachzudenken über unser Leben und darüber, wie wir es führen. Das ist heute noch wahrer als vor 2.400 Jahren. Wir neigen dazu, dem zu folgen, was die Griechen »Doxa« nannten, wir kennen dies als Volksmeinung. Plato betont die Wichtigkeit, sich selbst zu kennen und dafür eine besondere Art der Therapie zu machen: die Philosophie. Wir sollten erforschen und analysieren, anstatt nur auf Impulse zu reagieren. Die Wahl von Donald Trump, der wachsende Erfolg der rechtsextremen Bewegungen weltweit und die Frustration über die Europäische Union sind typische Beispiele dafür. Wenn du aber hinausgehst und dich informierst, dein Wissen stärkst, dann wirst du dich nicht von Nebensächlichkeiten ablenken oder von deinen Gefühlen leiten lassen. In diesem Sinne praktizierte Platons Mentor und Freund Sokrates das, was wir heute das Sokratische Gespräch nennen. Im Grunde genommen ist es lautes Denken, bei dem man seine Gedanken und Ideen hinterfragt, indem man mit einem Freund spricht, der einem dabei hilft, klarer zu denken. Die Diskussion moralischer und philosophischer Probleme zwischen zwei oder mehr Personen wird in den berühmten Werken Platons und Xenophons beschrieben; diese Bücher zeigen uns eine Version der sokratischen Methode, die wir heute auf die Geschäftswelt übertragen können, um neuen Antworten, einem klareren Fokus und einer Vereinfachung unserer Welt näher zu kommen.

12. EINSCHRÄNKUNG JETZT!
DIE RICHTIGEN DINGE RICHTIG (ZUERST) TUN

>*»Effektive Führung bedeutet, das Wichtigste*
>*voranzustellen. Effektives Management bedeutet,*
>*dieses dann diszipliniert umzusetzen.«*
>Stephen R. Covey

Dieses Kapitel wird nicht kurz werden. Ich werde es dennoch kompakt fassen und mit den wichtigsten (richtigen) Dingen beginnen und sie richtig (zuerst) machen, bevor ich Kernkonzepte und Gedanken zur Erreichung des richtigen Fokus vorstelle. Durch die technologische Entwicklung erkennen wir heute, dass effektives Management eng mit Algorithmen und Tools zusammenhängt, darum steigt der Fokus auf Leadership. In einer Welt voller Chancen und einem immer komplexeren Geschäftsumfeld müssen wir lernen, wie man einige Türen schließt, um unwichtige Optionen auszuschließen oder zumindest den Fokus auf das zu legen, was wir als wichtig definieren. Zu viele Informationen führen zu einer falschen Beeinflussung unseres Handelns. Sie können sogar einen »Bauchgefühlkurzschluss« bewirken.

Ein Bauchgefühlkurzschluss ist im Grunde etwas, das sich bemerkbar macht, wenn wir uns nicht auf unsere Erfahrungen, unsere Weisheit beziehen können: das, was wir Bauchgefühl oder Intuition nennen. Veränderungen erfolgen durch eine physiologische Verbindung zwischen Gehirn und Herz. Ein Bauchgefühlkurzschluss tritt ein, wenn wir Entscheidungen unter dem Einfluss eines externen Faktors treffen, der unsere Entscheidungen aus dem Konzept bringt. Wenn es mehrere Prioritäten gibt (klar, ein Oxymoron), wird unsere Energie überproportional beansprucht und wir verzetteln uns. Uns zu beschränken und die richtigen Dinge (zuerst) richtig zu machen, bedeutet hingegen, klar und sehr spezifisch zu sein. Wie weit kannst du deine Beschreibung dessen, wer du bist und was du wirklich sein möchtest oder was du erreichen willst, eindampfen? Kannst du dies in zwei bis drei Worte fassen? In einen Satz? Bist du die Königin der Einzeiler, die Dinge einfach erledigt?

Operative Exzellenz, das Erledigen von Aufgaben – uns allen wird immer erzählt, das sei es, worum es geht, aber die Probleme entstehen, wenn man widersprüchliche Impulse erhält und wenn Gedanken und Ideen unseren Kopf verwirren und uns ablenken. Was sollen wir tun? Die richtigen Dinge richtig (zuerst) zu erledigen bedeutet nicht, dass man Gedanken und Ideen abwürgen sollte bei der Suche nach neuen Möglichkeiten in einer Welt des Wandels. Es bedeutet vielmehr, dass wir manchmal einen strukturierten oder rationalen Ansatz wählen müssen. Vereinfachung erfordert die Beseitigung all dessen, was irrelevant ist, um das Relevante aus der Materie aufscheinen zu lassen. Zu wissen, was für dich oder dein Unternehmen am wichtigsten ist, stellt alles andere in einen logischen Zusammenhang. Wenn etwas nicht deiner höchsten Priorität dient, dann ist es eine Ablenkung. Punkt.

In einer Welt des Chaos brauchen wir mehr Chaos, um neue Lösungen und Fragen zu finden, aber wir brauchen auch Struktur. Wenn du das Chaos in deiner Organisation spürst, mache dir zuerst klar, dass jeder Fortschritt manchmal chaotisch ist – und lass dich darauf ein beziehungsweise akzeptiere dies. In operativer Hinsicht musst du jedoch den Fokus verengen und die richtigen Dinge richtig anwenden, indem du zunächst einzelne Verantwortlichkeiten zuweist. Aus Sicht des Managements bedeutet, jedem Mitarbeiter im Unternehmen eine einzige bestimmte Verantwortung zuzuweisen, jeden Einzelnen einzigartig zu machen. Es geht hier nicht nur um Wert und Sinnhaftigkeit, sondern auch um Transparenz und Vereinfachung. Es geht darum, herauszufinden, wie man operationale Exzellenz identifizieren, bewerten und replizieren kann. Die Vereinfachung der Aufgabe, Menschen zu organisieren und Rollen zu definieren, reduziert Konflikte und rationalisiert einen Großteil des wilden Wissens, das da draußen fließt. Schlachtfelder entstehen, wenn Menschen um gleichen Besitz oder gleiche Verantwortung kämpfen.

Es ist entscheidend, dass wir erkennen, dass es in der Geschäftswelt keine »Einheitsgröße« gibt. An einem bestimmten Punkt muss man Dinge ausführen und erledigen, während man gleichzeitig wildes Wissen nutzt und Ideen findet. So sehr ich ein Treiber und Befürworter des Wandels, der Ideen und der Kreation bin und leidenschaftlich gern Veränderungen durch die Kunst des Denkens vorantreibe, so sehr respektiere ich auch die Wichtigkeit dessen, Dinge zu erledigen. Es ist sinnvoll, die Dinge in eine Ordnung zu bringen, um die richtigen Dinge richtig (zuerst) zu machen. Der erste Schritt ist, sie einfach zu sammeln. Dank neuer Werkzeuge und Technologien ist das sehr effizient geworden. Die einfachste Form ist ein Ordner in deiner E-Mail-Inbox, der dein physisches Notebook ersetzt: ein Ort, an dem du die E-Mails mit Ideen sammelst, die du dir selbst schickst. Oder du verwendest eine App, die dir hilft, deine Notizen und Gedanken zu sortieren. Wenn du Strukturen einrichtest – eine bestimmte Uhrzeit an einem bestimmten Tag oder Ähnliches –, mit deren Hilfe du diese Gedanken und Ideen regelmäßig sichtest und hinterfragst, hilft dir dies, neues Wissen mit dem richtigen Timing zu finden. Das ist die moderne Version des berühmten Ausspruchs des französischen Schriftstellers Victor Hugo: »Nichts ist mächtiger als eine Idee, deren Zeit gekommen ist.« Um den richtigen Fokus zu erhalten und Dinge zu erledigen, kannst und solltest du deine Ideen und Gedanken so speichern, dass du leicht an sie herankommst. Achte darauf, dass du jede Woche oder mindestens einmal im Monat zu ihnen zurückkehrst und sie sichtest, da sie mit der Zeit unwichtig werden können. Plane entsprechend Zeit ein, um deine Gedanken in die Tat umzusetzen und einen relativ ordentlichen Schreibtisch zu haben, um den Fokus nicht zu verlieren.

Ich habe gelernt, dass es ziemlich komplex ist, die Dinge einfach zu halten. Es kann auch mitunter frustrierend sein. Dies ist insbesondere bei Unternehmensgründungen der

Fall. Viele junge Unternehmer, mit denen ich zusammengearbeitet habe, verbringen endlose Nächte damit, über innovative Ideen zu diskutieren: »Was können wir unserem Produkt hinzufügen?« Oder: »Welche Arten von Features sollten enthalten sein?« Meist hinterfrage ich dies, indem ich wissen will: »Was können wir weglassen?« Oder: »Wie können wir das rationalisieren?« Die Geschichte lehrt uns, dass die Einführung eines Produkts in seinem einfachsten Zustand dazu beiträgt, die wahren Wünsche der Kunden zu erkennen und zu verstehen, wie sie ein Produkt oder eine Dienstleistung nutzen. Um dies effektiv zu tun, musst du vereinfachen und einfach loslassen. Du musst den Leuten, die dein Produkt nutzen werden, ein bisschen Kontrolle zugestehen und deine eigenen »Kräfte« effektiv reduzieren. Du musst Dinge weglassen, die nicht entscheidend für das Produkt oder die Dienstleistung sind. Ein gutes Beispiel dafür lieferte Larry Wall, der die Programmiersprache Perl entwickelte. Wall soll gesagt haben: »Als die University of California in Irvine gebaut wurde, errichtete man einfach nur die Gebäude. Gehwege wurden nicht angelegt, sondern einfach nur Gras gepflanzt. Erst im nächsten Jahr wurden die Gehwege gepflastert, nämlich da, wo man die Trampelpfade im Gras erkannte, welche die Menschen gelaufen waren.« Wall entwarf Perl analog zu diesen Wegen und nicht, indem er erst mal Prinzipien benannte. Behalte dies für die Erstellung einer App, eines Tools oder eines Konzepts im Kopf. Analysiere, wie Kunden das Produkt nutzen, das wird helfen, es zu vereinfachen und zu verbessern.

Fortschritte ergeben sich auch aus der Zerlegung von

Zielen und Aufgaben in »Mikroschritte«. Im Grunde geht es darum, erst mal klein zu denken, bevor man das Gesamtbild sieht. Die Umsetzung kleiner Schritte führt schließlich zur Idee oder Leistung, die den großen Durchbruch bringt. Sie bringen dich dem näher, was du oder dein Umfeld als Erfolg definiert. Durch die Fokussierung auf kleine Schritte kannst du dich auf dieses Ziel konzentrieren. Du wirst die größeren Ziele nicht erreichen, wenn du nur diese kontinuierlich verfolgst und misst. Dies schwächt deine Kraft und Motivation und verhindert, dass du den Fortschritt spürst, der notwendig ist, um weiterzumachen. In ihrem Buch *Small Move, Big Change. Big Change: Using Microresolutions to Transform Your Life Permanently* beschreibt Caroline Arnold – eine Innovatorin der Wall Street, sie hat das Auktionssystem für den Börsengang von Google aufgebaut – die Verwendung von Mikroauflösungen für Veränderungsprozesse. Arnold zieht dabei ihr eigenes Leben als Fallstudie heran und stellt ihre beruflichen Erfolge ihren Fehlentscheidungen gegenüber. Sie geht in diesem Zusammenhang auch auf Herausforderungen ein, die viel Energie kosten können, etwa der Besuch im Fitnessstudio oder der innere-äußere Druck, mehr Zeit mit der Familie zu verbringen. Nach einem schmerzhaften Misserfolg entscheidet sich Arnold, sich auf kleine, aber sinnvolle Verhaltensänderungen zu konzentrieren. Indem sie ihren Fokus erkannte und verengte, entdeckte sie »zufällig« eine Methode der Transformation, bei der so gut wie immer klare Commitments geschaffen werden, welche die Grundlage für kontinuierlichen Fortschritt bilden.

Im Zeitalter großer Datenmengen neigen wir dazu, das Konzept von Ordnung und Unordnung zu verwischen. Unordnung oder Chaos ist aber nicht das Gegenteil von Ordnung. Über mehr Daten und Informationen zu verfügen führt nicht zu einem besseren Ergebnis, einer besseren Anpassung oder einer größeren Ordnung. Nein, es geht darum, mehr Chaos und Kreation einzuführen, dabei aber gleichzeitig den Fokus zu verengen und Dinge zu erledigen sowie das Prinzip der »richtigen Dinge« anzuwenden. Die Digitalisierung eines schlechten Prozesses macht diesen nicht gut; es geht nicht darum, Technologie um der Technologie willen einzusetzen, sondern vielmehr darum, die richtigen Dinge in Einklang zu bringen und zu regeln. Wir haben nicht die Fragen abgespeichert, sondern Weisheit und Wissen, deshalb lautet die Herausforderung für unser Bewusstsein, dieses Wissen zu nutzen, wenn es gebraucht wird. Noch wichtiger als die Anwendung großer Datenmengen und bekannten strukturierten Wissens ist heute, den richtigen Grad der Vereinfachung zu finden. In der Wissenschaft ist das Erreichen immer einfacherer Theorien eine treibende Kraft. Statt großer Datenmengen geht es um die richtigen Daten.

Im Laufe der Jahre habe ich in vielen Unternehmen vor allem ein Problem gesehen: den verengten Fokus auf Erfolg beziehungsweise auf das, was als Erfolg definiert wird. Wir blicken auf zu den Genies unseres Paradigmas und feiern sie, ohne den Prozess zu verstehen. Aber wie fast alle Innovatoren und Schöpfer der Neuzeit immer wieder feststellen: Es gibt so viele Dinge, die wir aus den vielen

Fehlern der Vergangenheit lernen können. Diese Konzepte finden jedoch keinen Eingang in das Management- und Führungsdenken. Es gibt viele Gründe, warum reife Unternehmen, Start-ups und Organisationen aller Art scheitern. Inkrementelles Versagen ist ein Teil jeder Organisation, wir sollten keine übertriebene Angst davor haben. Die meisten Unternehmen müssen lernen, offen für Fehler zu sein und eine Kultur zu schaffen, die damit gut zurechtkommt. Wir können so viel aus Fehlern lernen, so viele Lektionen entdecken, die uns voranbringen. Oftmals sind wir jedoch zu sehr damit beschäftigt, Erfolge oder Errungenschaften zu kopieren, auch wenn sie das Ergebnis früheren schlichten Glücks sind. Bei allem Respekt: Es ist extrem schwierig, Glück zu wiederholen. Anstatt Erfolgsformeln zu replizieren und Glücksmuster zu kopieren, müssen wir die Art und Weise unserer Umsetzung verfeinern, indem wir aus unseren Fehlern lernen. Nur dann werden wir in der Lage sein, jene neuen Chancen zu erkennen, die sich in aller Offenheit verbergen. Natürlich gibt es Situationen, in denen wir keine Fehlertoleranz haben können. Wir haben schon darüber gesprochen: Wir brauchen keine kreativen Ärzte, die am offenen Herzen operieren, oder Piloten, die sich die Möglichkeit des Scheiterns einräumen, aber wir brauchen Trainingsplätze und Spielwiesen, auf denen wir etwas probieren und riskieren dürfen.

Wenn wir uns auf den Weg machen, unseren Fokus auf die richtigen Dinge legen und die richtigen Dinge richtig (zuerst) machen, müssen wir uns bewusst machen, dass das Humankapital, also der Mensch, immer noch der Kern des

Unternehmens ist. Dessen Schädigung durch eine Überforderung der Aufmerksamkeit zerstört jede Form von Einfachheit. Wenn ich Unternehmer und Start-ups in den Blick nehme, ist dies ein entscheidendes Kriterium für die Bewertung. Sind die Gründer zu hundert Prozent engagiert und konzentriert auf ihre Idee, ihr Konzept, ihr Business? Oder unterliegen sie der Versuchung, vom Paradoxon der verschiedenen Möglichkeiten absorbiert zu werden? Das würde nicht nur eine Katastrophe für den Investor bedeuten, sondern auch bei den Eigentümern zu Frustration und Misserfolg führen. Ich will hier keinen Leitfaden für Investorinnen oder eine To-do-Liste für Unternehmer entwerfen, sondern ein Paradoxon beleuchten, das heute in vielen Unternehmen zu finden ist. Dennoch sollten wir den Blick offen halten und nicht in die Denkweise eines Experten verfallen. Wir können so viel lernen, wenn wir den Fokus darauf richten, wie wir Organisationen führen und Veränderungen vorantreiben. Der zentrale Punkt ist, dass uns der falsche Fokus schneller von unserem Kurs abbringt, als wir ihn korrigieren können.

Obwohl wir so viele Managementinstrumente und -technologien geschaffen haben, die uns unterstützen, scheint doch unser Bewusstsein und der Zustand des *vollständigen Bewusstseins* für uns eine Einschränkung darzustellen. Aber angesichts dieser Herausforderungen sollten wir sowohl eine weitsichtige Perspektive einnehmen als auch eine eingeschränkte Sichtweise haben, um Dinge zu verwirklichen und aus unterschiedlichen Blickwinkeln zu betrachten.

Zu den Kernkompetenzen zählt meiner Meinung nach, das zusätzliche Gewicht und Gepäck abzuwerfen und alles zu vereinfachen, um einen klaren Überblick darüber zu gewinnen, was wirklich wichtig ist. Das gilt für mich sowohl auf der kollektiven als auch auf der individuellen Ebene. Es ist eine bestimmte Denkweise – eine Reihe von Wegweisern, die beim Navigieren durch die eigenen Strukturen nützlich sein können.

Der Philosoph Diogenes, der die einfachste Lebensform gewählt hatte, sah einmal einen armen Bauernjungen aus den Händen Wasser trinken. Daraufhin zerstörte Diogenes seinen einzigen weltlichen Besitz, eine einfache Holzschale. »Welch ein Narr war ich«, sagte er, »dass ich die ganze Zeit überflüssiges Gepäck bei mir hatte!« Ähnlich geht es uns: Manche Elemente der uns heute zur Verfügung stehenden Technologie erleichtern uns das Leben und unterstützen uns bei unserer Arbeit, aber eben nicht in jeder Hinsicht.

In der heutigen Geschäftswelt und in unserem Leben im Allgemeinen gibt es immer noch viel Raum für Verbesserungen. Wir sollten uns die Kontrolle über unsere Entscheidungen zurückerobern und nach Sinn und Glück streben, aber nicht mit gesteigerter Komplexität und zusätzlichem Gewicht. Für Unternehmen galt einst als »Best Practice«, alle Produktionsmittel oder Kenntnisse zu besitzen. Dies erweist sich heute aber nicht nur als kostspielig, sondern bedeutet auch mehr »Gewicht«, was Unternehmen langsamer macht. Anstatt sich den Kopf um den besten Preis zu zerbrechen, sollte darum die Frage lauten: Können wir etwas von dem, was wir gerade kaufen wollen, leihen oder leasen? Es gibt sogar kostenlose Dienstleistungen und andere Optionen auf dem heutigen Markt, die Unternehmen und Start-ups nutzen können.

Um die Dinge richtig zu machen, geht es nicht nur um Themen wie Aufgaben, Prozesse, Technologien und Fokus. Gerade für die Anfangsphase von Unternehmen habe ich ein entscheidendes Muster identifiziert, das erklärt, warum Unternehmen dort nicht erfolgreich sind. Sehr oft hängt dies mit den beteiligten Partnern zusammen. Die richtigen Partner zu haben ist entscheidend. Eine Geschäftspartnerschaft ist wie eine Ehe; das habe ich selbst erlebt, im Guten wie im Schlechten. Ich habe gesehen, wie sich die Menschen veränderten, habe beobachtet, welchen Einfluss Geld hat, und miterlebt, wie Egos den Weg verstellten. Und wenn monumentale Egos aufeinanderprallen, kann es nur einen Gewinner geben: den Anwalt.

Noch ein letztes Thema soll uns beschäftigen in diesem Kapitel über die Suche nach dem richtigen Fokus: das Phänomen der »Entscheidungsermüdung«. In der Psychologie und der Erforschung der Entscheidungsfindung bedeutet Entscheidungsermüdung eine verminderte Qualität der getroffenen Entscheidungen, wenn zu viele zu treffen sind und zu viel Aufwand erforderlich ist, um sie zu treffen. Aus den Biografien moderner Leader lernen wir, dass eines der bewährten Erfolgskriterien ist, weniger Entscheidungen zu treffen, um bessere Entscheidungen zu treffen. Steve Jobs und Mark Zuckerberg liefern überzeugende Beispiele dafür, wie Fokussierung die Entscheidungsfindung verbessert. Sie vereinfachten ihre Arbeitstage, indem sie beispielsweise monotone, zeitaufwendige Aufgaben vermieden: unter anderem die Entscheidung, was sie morgens anziehen. Stattdessen trugen beziehungsweise tragen sie jeden Tag das Gleiche. Wenn wir Künstler beobachten, scheinen diese ein langweiliges Leben zu führen, weil sie ihre ganze Zeit und Energie auf ihre Kunst konzentrieren. Sie verengen ihre Gedanken und Entscheidungen auf ihre Hauptaufgaben, alles andere fällt praktisch weg. Im Wesentlichen tun sie jedoch die richtigen Dinge richtig (zuerst), indem sie die Summe ihres Fühlens und ihrer Erfahrungen zu intensiven Momenten der Schöpfung vereinfachen. Was wir daraus lernen, ist, die Entscheidungen, die wir nicht treffen müssen, einfach wegzulassen. Das lässt uns mehr Energie und Konzentration für die wirklich wichtigen Entscheidungen.

Im 21. Jahrhundert werden Menschen viel zu sehr von äußeren Faktoren beeinflusst; sie stehen stark unter dem Eindruck dieser Kräfte. Wir fühlen den Druck, »immer dabei zu sein« und jederzeit Entscheidungen zu bestimmten Fragen zu treffen. Es geht mir nicht darum, dass wir uns auf ein langweiliges Leben konzentrieren oder einen Tunnelblick auf ein einziges Thema entwickeln sollen. Aber wir müssen uns bewusst werden, wie viel Energie wir verschwenden, indem wir unnötige Entscheidungen treffen. Es ist außerdem nichts falsch daran, manchmal ein bisschen langweilig zu sein. Nichts von Bedeutung verschwindet, nur weil du dich für kurze Zeit abmeldest, offline gehst. Sei ruhig in einem bestimmten Moment anwesend – aber das Geheimnis ist, den Motor von Zeit zu Zeit abzuschalten. Dies kann bedeuten, immer das gleiche T-Shirt bei der

Arbeit zu tragen. Bei mir ist es so, dass meine Frau mir die Kleidung rauslegt. Nennt mich altmodisch oder seid neidisch, aber dies erspart mir jeden Gedanken daran, sei es auf Reisen oder morgens zu Hause. So bleibt mir mehr Energie für andere Dinge. Eine Straffung der Entscheidungsfindung motiviert uns auch, deutlich mehr Arbeit zu leisten. Phasen der Langeweile sind oft jene, in denen die meiste Arbeit erledigt wird dank fokussierten Fortschritts. In diesem Punkt können wir von wichtigen betriebswirtschaftlichen Erkenntnissen sozusagen im Vorbeigehen profitieren.

>*Das Leben ist einfach, aber wir bestehen darauf, es kompliziert zu machen.*<

Konfuzius

13. DIE GLEICHUNG

Lasst uns rechnen! Ich liebe Mathematik! Am Ende der sechsten Klasse hatte ich die Mathematikbücher der neunten Klasse schon durchgearbeitet, Zahlen fand ich spannend. Dank meiner Begeisterung beschäftigte ich mich auch zu Hause damit und das war keine zusätzliche Arbeit, sondern Leidenschaft, die sich auch auf den Schulunterricht übertrug. Dieser Enthusiasmus lag auch meiner Reise in die Welt der Kreativität und Ideen zugrunde und begründete mein Interesse an Philosophie, Bewusstsein und der Erforschung des Geistes, auch wenn das vielleicht ein bisschen seltsam erscheinen mag. Sagen wir einfach, dass Leben und Lernen nicht immer linear verlaufen. Rückblickend kann ich keine klaren Entwicklungsmuster erkennen, aber die Gleichung ist immer noch für mich schlüssig: Für mich gilt so etwas wie »a x b x c = d«, wobei »d« auch durch »e«, »f«, »g« oder »h« ersetzt werden kann. Ich denke, du verstehst mich. Wir bemühen uns viel zu sehr, die Logik dessen, was wir getan haben, zu ergründen und uns über alte Modelle und Kategorien zu definieren. Wenn nicht jeder unserer Schritte im Leben bewusst geplant ist – dank einer treibenden Leidenschaft, eines klar definierten Ziels und eines strategisch festgelegten Weges –, sollten wir das einfach akzeptieren. Leben ist nicht vorhersehbar. Es gibt keinen

Algorithmus und keine Gleichung, die sich zu x summiert (wo x unser Leben repräsentiert), keinen Moment, in dem wir zurückblicken und sagen können: »Mensch, es ist genauso geworden, wie ich vorhergesagt habe.« Letztendlich sollten wir uns freuen, wenn wir sagen können: »Es ist alles ziemlich gut gelaufen.« Denn im Grunde geht es um Werte, nicht um Gleichungen.

Ich behaupte natürlich auch nicht, dass Mathematik heute nicht mehr wichtig ist, aber selbst die Mathematik ist im 21. Jahrhundert disruptiert worden. Mathematik auf die physische Welt anzuwenden gehört zu den Dingen, die wir jeden Tag tun. Wir lesen verschiedene Schlagzeilen, addieren alles und ziehen Schlussfolgerungen. Wir nennen das Wissen – aber damit liegen wir falsch. Unsere innere Gleichung ergibt: »Die Welt ist schrecklich.« Aber wenn wir uns Zahlen und Fakten ansehen, dann war die Welt noch nie so friedlich wie heute. Wenn heute *ein* Mensch in Bayern stirbt, weiß das die ganze Welt. Noch vor 50 Jahren, als in Afghanistan in einem Ort 3.000 Menschen massakriert wurden, hat niemand außerhalb der unmittelbaren Umgebung davon erfahren. Der allgegenwärtige Zugang zu Informationen bringt nicht nur Fakten in unsere Häuser, sondern auch ein Gefühl der Empathie. Wir fühlen uns näher und verbundener und wir finden uns zunehmend im »Fühlen« dessen wieder, was in der Welt um uns herum geschieht. In unserem gegenwärtigen Paradigma und basierend darauf, wo wir heute stehen, ist es schwierig, mit diesem Zustand umzugehen. Statt die Auswirkungen einer interdependent vernetzten Welt und die Herausforderungen zu verstehen, die mit den Chancen und Vorteilen der Globalisierung verbunden sind, flippen wir aus. Dies sollte uns als wertvolle Lektion dienen.

Den richtigen Fokus zu finden und unser Leben zu vereinfachen inmitten der komplexen Informationen, die uns die Medien liefern, überfordert uns und frustriert unseren Geist. Nur auf dem Höhepunkt menschlicher Exzellenz können wir einen Zustand der Fokussierung erreichen, in dem es uns möglich ist, die Analytik effektiv zu nutzen, um neue Wahrheiten zu entdecken.

Das Sammeln von Zahlen und Daten und die Anwendung ehemals erfolgreicher Schemata oder Muster zur Rechtfertigung von Wissen kennzeichnet oft unsere Arbeitsweise. Mit seinen riesigen Datenmengen und einem analysegetriebenen Ansatz machte sich Google daran, zu erforschen, was ein produktives, ein »perfektes« Team ausmacht. Der Internetriese verbrachte Jahre damit, Informationen zu sammeln und durch verschiedene Methoden auszuwerten. Das »Projekt Aristoteles«, wie das Unternehmen es nannte, kam zu dem Ergebnis, dass die Suche nach einer Zauberformel der falsche Ansatz sei. Stattdessen war das, was Google fand, genau das, was wir schon seit Jahren in aufeinanderfolgenden Wellen von Managementbüchern lesen. Der inzwischen verstorbene Stephen R. Covey stellte es in seinem Buch *Die 7 Wege zur Effektivität* prominent vor. Als ich den Autor 2010 persönlich in Frankfurt traf, fasste er zusammen, was auch die Analyse von Google ergeben würde: »Erst verstehen, dann verstanden werden.« Ein erfolgreiches Team ist ein Team, in dem die Mitglieder die Emotionen der anderen respektieren – keine geheime Formel, keine neue Mathematik.

Es gibt viele Beispiele dafür, wie bösartige Weisheit unserem vermeintlichen Wissen zuwiderläuft und zu dem wird, was man »unkonventionelle Weisheit« nennen könnte, wenn sie auf unser tägliches Leben angewendet wird. Durch die Visualisierung und das Runterbrechen von Daten auf eine vereinfachte Form inspirierte der schwedische Statistiker Hans Rosling die Welt mit seinem Reframing der Globalisierung ebenso wie mit seinem TED-Talk über »globales Bevölkerungswachstum«. Rosling, den die britische Zeitung *The Telegraph* als »Mann, der die Statistik zum Singen bringt« bezeichnet, verhalf uns dank seiner Gapminder-Stiftung zu einem klaren statistischen Weltbild auf der Grundlage aktueller Daten – und nicht gebrochen durch das Prisma von Nachrichtenschlagzeilen. Er entwickelte einen »Ignoranz-Test«, um zu zeigen, dass Menschen immer noch so wenig über die Welt wissen wie Schimpansen, und dies ganz unabhängig davon, wie weit wir die akademische Leiter hinaufgeklettert sind. Dieser Test umfasst große globale Themen wie Klimawandel, Gesundheit, Armut und Bevölkerung. Die Ergebnisse zeigen, dass das, was wir in unserer Unwissenheit und Arroganz zu glauben wissen – das, was wir das Wissen der Menschheit nennen –, nur eine Illusion ist, die uns durch die Schlagzeilen des Tages aufgezwungen wird. Hans Rosling ist leider am 7. Februar 2017 verstorben, aber das Gapminder-Team trägt seine Fackel weiter, um nach plausiblen Erklärungen und wirklicher Aufklärung zu suchen und um uns das Problem mit den heutigen Medien bewusst zu machen, da wir in einem Zustand der Unwissenheit begraben sind und tiefe Frustrationen entwickeln.

Wir simplifizieren und versuchen, Sachverhalte mit uns bekannten Modellen in Übereinstimmung zu bringen. Da wir aber nur eine Seite der Medaille sehen, verfolgen wir keinen tatsächlich wissensbasierten Ansatz, um Weisheit zu erlangen. Wir beeilen uns, dieses vermeintliche Wissen auf unser tägliches Leben anzuwenden, obwohl es auf falschen Annahmen basiert. Die Auswirkungen? Chaos über Branchen, Grenzen, politische Parteien, Glaubenssysteme und Interessengruppen hinweg und in definierten »Gemeinschaften« oder »Kulturen«. Ist das schlimm? Oder ist es gut? Also was jetzt?

Algorithmen und Software fressen die Welt auf, heißt es. Die unerbittliche Informationsflut hat unbestreitbar Auswirkungen auf unser Leben. Computer treffen Entscheidungen für uns und ihre Dominanz in logischen, linksgehirnigen Aktivitäten ist *bereits Tatsache*. Ich habe oben geschrieben, dass wir vielleicht die letzte IQ-Generation vor Augen haben. Wir wissen einfach nicht, wohin die zu erwartende Intelligenzexplosion führen wird. Wir haben eine fatale Informationsgesellschaft geschaffen und sind uns bewusst, dass wir all unsere Hoffnung auf künstliche Intelligenz und Blockchain setzen, um eine Wissensgesellschaft zu schaffen. Doch wie hoch auch immer die Zahlen sein mögen, Informationen und IQ sind immer noch nur kleine Teile unserer menschlichen Gesamtheit, und Wissen ist nicht das Gleiche wie Verstand (Verstehen). Lass uns ein paar einfache Analysen durchführen und ein wenig Mathematik betreiben.

Wenn ich sechs Streichhölzer so hinlege, dass sie eine einfache Gleichung bilden XI + I = X, wie viele Streichhölzer musst du dann bewegen, damit diese Gleichung logisch aufgeht? Diese Frage stelle ich meinem Publikum regelmäßig und immer wieder antwortet der selbstbewusste Kerl in einer der ersten Reihen sofort, als wäre dies ein komplexes Rätsel: »Du musst nur ein Streichholz umlegen.« Klar und deutlich schallt seine Stimme durch den Raum. »Nur ein Zug, sehr gut – das ist eine niedrige Zahl«, antworte ich dann. »Du musst studiert haben.« Ich lasse ihn dann meist erklären, welches eine Streichholz von der linken Seite auf die rechte Seite der Gleichung wandern soll, was zu der mathematischen Darstellung 10 + 1 = 11 führt: X + I = XI. Der selbstbewusste Typ ist dann aber genauso überrascht wie der Rest des Publikums, wenn ich *meine* Antwort gebe: »Du musst gar kein Streichholz verschieben.« Ich stelle einfach die Gleichung auf den Kopf: »Voilà!« Die Mathematik hat sich verändert, jetzt heißt es 10 = 1 + 9, X = I + IX, die Antwort ist aber korrekt.

Unsere Herausforderungen sind heute anders, sogar die Gleichung an sich hat sich verändert. Wir alle leben in einer Welt des exponentiellen Denkens und der exponentiellen Veränderung. Früher wirkte die Mathematik stabil oder zumindest dachten wir, sie sei eher linear und errechenbar. Heute gibt es viele potenzielle Wege. Wir sprechen von Potenzialität und einer neue Sichtweise auf die Dinge. Was aber können wir unter exponentiell verstehen? Wenn du linear 30 Schritte gehst, legst du eine Strecke von 30 Metern zurück (1, 2, 3, 4 …), ungefähr bis zur nächsten Straßenecke. Diese Form des Rechnens gehört aber zur alten Welt. Wenn du exponentiell 30 Schritte machst, geht es so: 1, 2, 4, 8, 16, 32, 64 und so weiter. Du wirst eine Milliarde Meter zurücklegen. Dies ist das 21. Jahrhundert – das Zeitalter des exponentiellen Wachstums. Anstatt die Straßenecke zu erreichen, wirst du 26 Mal die Erde umkreisen. Was wir heute brauchen, ist eine neue Wahrnehmung dessen, wie wir die Welt sehen.

Unser Gehirn ist nicht dazu gemacht, exponentiell zu denken. Wir orientieren uns linear und nutzen die Fakten der Vergangenheit, um die Zukunft vorherzusagen. Für uns Menschen sind exponentielle Entwicklungen schwer zu erfassen und zu verstehen. Unser Gehirn kann einfach nicht so denken. Wir sind ein Gemisch aus Fleisch und Blut auf zwei Beinen, verbunden und verdrahtet mit einem Haufen destabilisierender Gefühle und Emotionen. Zahlen und Statistiken sind für uns gefährliches Zeug.

1439 begann der deutsche Schmied Johannes Gensfleisch, auch bekannt als Gutenberg, mit der Arbeit an der ersten Druckerpresse mit beweglichen Lettern (obwohl die Chinesen vielleicht anders darüber denken). Auch wenn damals mehr als 90 Prozent der Bevölkerung nicht lesen oder schreiben konnten, hielt Gutenberg die Druckerpresse für eine gute Idee. Und sie löste eine unaufhaltsame Welle des menschlichen Wissens aus. Dank seiner Erfindung haben wir in den letzten 250 Jahren die Kirchen verlassen, die Bibel infrage gestellt und Informationen mit immer größerer

Geschwindigkeit und Reichweite verbreitet. Weiter oben haben wir darüber gesprochen, dass es vor einem Jahrhundert noch 100 Jahre dauerte, bis die in der Welt verfügbaren Informationen verdoppelt wurden. Heute wissen wir, dass wir im vergangenen Jahr allein mehr Informationen erschaffen haben, als es in der Geschichte der Menschheit je gab. Computer stehen im Wettbewerb mit Menschen und werden womöglich rund zwei Milliarden der vier Milliarden Arbeitsplätze übernehmen, die wir derzeit auf unserem Planeten haben. (Ja, Mathe-Genies, das bedeutet *die Hälfte* aller existierenden Jobs!) Es kommen natürlich neue dazu, aber längst nicht so viele, wie wegfallen. Dennoch bin ich zuversichtlich, dass es uns auch künftig gut gehen wird. Wir werden durch den wachsenden Druck neue Lösungen finden und uns anders arrangieren. Vielleicht gelingt es uns sogar, wertvolle Zeit zurückzugewinnen, um Dinge zu tun, die spannend und lustig sind. Wäre das nicht toll? Auf geht's, Rechner! Wir sollten uns aber nicht zu sehr mitreißen lassen. Wie stets in der Geschichte der Menschheit wird auch dies kein einfacher Weg, kein Traumszenario sein. Wir werden mit Krisen und Herausforderungen konfrontiert sein, aber – wie ich schon schrieb: Es wird uns gut gehen. Zumindest solange wir nicht an unserem fundamentalen Bewusstsein zu sehr herumschrauben.

Mit den statistischen Argumenten, die wir nutzen, um Vorhersagen zu treffen und Risikoanalysen durchzuführen, und deren Problemen beschäftigt sich der Statistiker und Essayist Nassim Nicholas Taleb in seinen Büchern *Der schwarze Schwan. Konsequenzen aus der Krise* und *Antifra-*

gilität: Anleitung für eine Welt, die wir nicht verstehen. Der gut lesbarer Stil und sein leicht philosophischer Touch haben Taleb zu einem der meistbewunderten Denker der Neuzeit gemacht. Taleb geht davon aus, dass einige Dinge (und manche Menschen) davon profitieren, geschockt zu werden. Sie gedeihen und wachsen, wenn sie Volatilität, Zufälligkeiten, Unordnung und Stressoren ausgesetzt sind, denn sie lieben Abenteuer, Risiko und Unsicherheit. Doch trotz der Allgegenwart dieses Phänomens gibt es kein Wort für dieses exakte Gegenteil von Fragilität, von Zerbrechlichkeit. Taleb hat das Konzept darum als »antifragil« bezeichnet. Antifragilität geht über Widerstandsfähigkeit oder Robustheit hinaus. Elastisches Material widersteht Stößen, verändert sich aber nicht; antifragiles Material hingegen widersteht Stößen und wird dabei besser.

2005 wurde der Cognitive Reflection Test (CRT) vom Psychologieprofessor Shane Frederick von der Yale University eingeführt. Dessen Ziel ist, herauszufinden, wie rational wir tatsächlich sind. Die im CRT gestellten Fragen korrelieren mit der Intelligenz beziehungsweise dem IQ der Probanden. Die Ergebnisse führen uns vor Augen, wie selbstreflexsiv wir in geistiger Hinsicht sind.

Der Test von Shane Fredrick enthielt ursprünglich drei einfache Fragen. Beantworte sie doch einfach mal. Nimm einen Stift und notiere deine Antworten, bevor du weiterliest:

Ein Baseballschläger und ein Ball kosten zusammen 1,10 US-Dollar. Der Schläger kostet 1 US-Dollar mehr als der Ball. Wie viel kostet der Ball?

[____] Cent

Wenn fünf Maschinen 5 Minuten brauchen, um fünf Teile zu erstellen, wie lange brauchen dann 100 Maschinen, um 100 Teile herzustellen?

[____] Minuten

Die Seerosen in einem Teich verdoppeln ihre Fläche jeden Tag. Wenn es 48 Tage dauert, bis der gesamte See bedeckt ist, wie lange dauert es dann, bis er zur Hälfte bedeckt ist?

[____] Tage

Menschen, die in diesem Test eine hohe Punktzahl erreichen, sind weniger anfällig für verschiedene kognitive Verzerrungen einschließlich der Prospect Theory (auch Neue Erwartungstheorie) nach den Psychologen Daniel Kahneman und Amos Tversky.

Die Antworten auf die Fragen lauten übrigens: 5 Cent, 5 Minuten und 47 Tage – aber ich vermute, das wusstest du natürlich, nicht wahr?

Es gibt also viele Aspekte, die wir berücksichtigen sollten, wenn wir über Mathematik, Gleichungen und Zahlen nachdenken. Heute geht es um eine ganz andere Art von Mathematik, mit der man in Führungsetagen zu tun hat. Wenn du quietschige, blinkende Werbung für schlechte Produkte produzierst, Blog-Posts kaufst und nach Aufmerksamkeit gierst, wo immer du sie bekommen kannst, wirst du heute keinen oder nur sehr kurzfristigen Erfolg haben. Marketing ist tot. Positive Aufmerksamkeit ist das Ergebnis deines Marktbewusstseins und der Glaubwürdigkeit, die du dir im Laufe der Zeit erarbeitet hast. Man kann den Kunden nicht einfach irgendetwas unterschieben. Überkommene Vertriebs- und Marketingmaximen werden infrage gestellt. Bereits Charles Darwin wusste und verstand dies. Darwin hasste zum Beispiel Pfauen, weil sie dumme Kreaturen seien, die der Evolution entgegen aller Widerstände entgingen; dies ist eine Kuriosität, die nicht mit dem Konzept des »Überlebens des Stärkeren« in Einklang steht. Der Pfau ist ein Vogel, aber er kann nicht fliegen. Er stolziert herum, quäkt, schreit und zieht eine lächerlich lange Schleppe hinter sich her. Worin liegt sein Sinn und Zweck, fragen wir uns. Aber sobald er seine Schwanzfedern aufrichtet und bunt schillert, wird seine Schönheit offenbar; dann ist der Pfau außergewöhnlich und sexy. Und genau darum geht es heute. Wir produzieren nicht einfach nur Produkte, sondern wir müssen das Bewusstsein schärfen, indem wir einzigartig sind. Erst wenn wir *einmalig* sind, können wir Glaubwürdigkeit aufbauen. Die Belohnung wird Aufmerksamkeit sein.

Die Gleichung lautet heute:
Bewusstsein × Glaubwürdigkeit = Aufmerksamkeit

Und jetzt geht es um Geschwindigkeit.

14. SCHNELLER ▶▶ SCHNELLER ▶▶ NOCH SCHNELLER

»Geschwindigkeit wird oft mit Einsicht ver-
wechselt. Wenn ich ein bisschen eher loslaufe
als die anderen, wirke ich schneller.«
Johan Cruyff

Der niederländische Fußballer Johan Cruyff hat recht: Geschwindigkeit ist in vielerlei Hinsicht eine Frage von Wissen, Weisheit und Daten. Das Problem ist nur, dass die Geschwindigkeit heute so atemberaubend ist, dass man in Geschwindigkeit investieren sollte, wenn man etwas verbessern möchte. Die darwinistische Anpassung an die neuen Gegebenheiten, an die immer höhere Geschwindigkeit ist unumgänglich. Sobald du Fokus und Einfachheit für dich definiert hast und die essenzielle Bedeutung der Umsetzung verstehst, solltest du dich also auf Geschwindigkeit konzentrieren. In einer Welt des Chaos, des schnellen Fortschritts und des Wandels ist der Wunsch, alles unter Kontrolle zu haben, der Ausdruck eines Problems. Dies zeigt, dass du dich einfach nicht schnell genug bewegst, auf eine drastische Veränderung oder einen Weckruf zusteuerst. Bösartige Weisheiten lauern vielleicht schon an der nächsten Ecke, du musst heute überall gleichzeitig am Ball bleiben. Wenn du nicht auf der Hut bist, wirst du, der weise Meister, die weise Meisterin, von einem Erdbeben überrascht werden, so viel ist sicher.

Um Chaos zu vermeiden, musst du wissen, wohin du dich bewegst, und du musst dir deiner Entscheidungen, deines Denkens und deines Fokus bewusst sein. Vielleicht befindest du dich in einer kontinuierlichen Optimierungsschleife deiner Entscheidungsprozesse. Atme tief durch und nimm die Luft des Chaos in dich auf. Ganz egal, auf welche Weise wir versuchen, Achtsamkeit, Verlangsamung und Spiritualität in unserem Leben zu integrieren: Die Geschwindigkeit des Wandels wird nicht geringer werden und die unendliche Revolution wird keinen Stopp einlegen. Das Universum wird sich weiterhin ausdehnen und die Sonne wird mit immer höherer Geschwindigkeit dahinschießen. Man kann vor der Geschwindigkeit nicht die Augen verschließen, man muss sie respektieren.

Unternehmer und Unternehmen sollten in Geschwindigkeit investieren. Unabhängig davon, worauf du dich konzentrierst, worin du gut bist oder was du magst, musst du in Geschwindigkeit investieren. Es kommt nicht nur auf »Big Data« an, sondern auf die richtigen Daten – für dich, für alle, in der richtigen Größenordnung und zur richtigen Zeit. Und zwar schnell! »Small Data« oder »Right Data« ist mindestens genauso wichtig wie »Big Data«. Heute brauchst du alles und im Idealfall sollten uns die Informationen dank des technischen Fortschritts zur Verfügung stehen, bevor wir überhaupt bemerken, dass wir Bedarf an ihnen haben: von *Real-Time* zu *Before-Time*.

Mit zunehmender Geschwindigkeit wächst unweigerlich

die Frustration angesichts der Erkenntnis, dass es immer eine bessere Entscheidung gibt, die hätte getroffen werden können. Schnell scheitern, schnell lernen, schnell verbessern. Darauf kommt es heute an. In diesen verrückten Zeiten kann dich das Streben nach Perfektion entmutigen. Lerne stattdessen, jeden guten Schritt zu schätzen, den du gemacht hast, und die Entscheidungen zu lieben, die dir helfen voranzukommen. Einen perfekten Zustand können wir nicht erreichen – das Optimum entsteht nur, wenn wir nachhaltig gute Entscheidungen treffen. Lerne, diese Erfahrungen anzuerkennen und die Tatsache zu akzeptieren, dass du auch schlechte Entscheidungen triffst. Schnell reparieren und fix weitermachen. Wenn du keine einfache und schnelle Entscheidung treffen kannst, wirst du vermutlich überhaupt keine treffen. Geschwindigkeit ist alles, es gibt keine perfekte Balance, kein Äquilibrium. Wir können danach streben, aber Geschwindigkeit und Chaos gehören zum Fortschritt dazu.

Das Tempo nimmt zu, und wir verlassen uns auf vorhandenes Wissen, um den Wandel um uns herum zu verstehen. Wir bewegen uns ständig weiter; es gibt keine Verlangsamung. Vergiss das Versprechen: »Sobald du älter bist, wirst du mehr Zeit haben«, denn die einzige Zeit, die du je haben wirst, ist *jetzt*. Und nur das Jetzt kannst du beeinflussen. Die Zeit schreitet voran und bewegt sich in nur eine Richtung: vorwärts.

Die wesentlichen Fortschritte in der Geschwindigkeit der Kommunikation und unseren Interaktionsmöglichkeiten fanden vor mehr als einem Jahrhundert statt. Der

Schritt von Segelschiffen zu Telegrafen war weitaus radikaler als die Umstellung von Telefon auf E-Mails. Die Geschwindigkeit der modernen Kommunikation ist ganz wunderbar zu beobachten.

Wenn die Geschwindigkeit steigt, täuschen wir uns selbst in dem Glauben, dass wir aufholen, dass die Wissenschaft einen Gang zulegen und alle Hindernisse überwinden könnte, aber es gibt weder Endstation noch Zielort. Wenn wir tatsächlich die Welt, das Universum und die Galaxien verstehen wollen, dann können wir es durch unsere überlegenen Fähigkeiten, Wissen zu schaffen. Doch die Realität, in der wir leben – unsere Erde – ist so klein, sie stellt keinen typischen Zustand dar, in dem wir uns befinden. Die Lösung all dieser Probleme liegt also in der Geschwindigkeit des Fortschritts durch den Einsatz von Technologien. Der Weg nach vorn wird darum ein optimistischer Blick auf Wissenschaft und Technologie sein, der den negativen Verwendungsmöglichkeiten derselben Technologie vorauseilt. Wir haben im Laufe der Menschheitsgeschichte dieses Rennen immer wieder gewonnen, aber es gibt keine Garantie, dass es auch diesmal wieder so sein wird. Es gibt aber auch keine valide berechenbare Wahrscheinlichkeit für ein destruktives Szenario. Der Vorteil, den wir haben, ist, dass die Untergangsprophezeiungen, diese pessimistischen und frustrierten Szenarien, von Fakten getrieben sind. Ob Glaubenssysteme, Religionen oder Wissenschaft: Der Pessimist wird vom Gegenteil überzeugt sein. Und das ist unsere treibende Kraft, denn dann versuchen wir, rasch neue Lösungen zu finden. Weder

der irrationale Glaube, dass das Ergebnis ideal noch dass es katastrophal sein wird, ist wirklich wahrscheinlich. Und so geht die Debatte weiter. Im Lauf der Geschichte hat dies zum Zusammenbruch von Zivilisationen geführt; sie wussten schlicht nicht genug. Sie konnten den Fortschritt des Wissens nicht zu ihrem Vorteil nutzen. Heute ist die Entwicklung radikal, erstmalig nehmen Menschen Wandel wirklich wahr. Auf diese Weise verändert sich innerhalb einer Lebenszeit die Sichtweise auf unsere Welt zwei oder drei Mal. Wir vergessen nur häufig. in welchen Relationen diese Entwicklungen stehen. Dass ein 10.000 Kilo schweres Ding durch die Luft fliegen kann, ist vermutlich ein größerer Schritt innerhalb unserer Entwicklung gewesen, als auf einen benachbarten Planeten zu reisen. Dennoch verändert sich auch heute unser Blick auf die Welt. So etwas gab es in der Geschichte der Menschheit bislang nicht.

Das Rennen geht weiter und der Schlüsselfaktor ist Geschwindigkeit. Es ist theoretisch und physikalisch möglich, dass wir mangels Wissen auf ganzer Linie scheitern, was bedeutet, dass wir nicht schnell genug waren, um Wissen zu schaffen und zu zähmen. Vielleicht gelingt es, so etwas wie einen globalen Klimaregulator zu schaffen, ähnlich unseren Gebäudeklimaanlagen, wer weiß? Theoretisch lässt sich das vorstellen, aber sind wir schnell genug, um das notwendige Wissen dafür zu finden? Wir werden sehen. In Zukunft wird jede Herausforderung (Gefahr) unweigerlich das Unvorhergesehene sein … und die Lösung wird im wilden Wissen liegen.

Schlüsselereignisse im Laufe der Geschichte können

durch die Annahmen und Überzeugungen der Philosophen oder Denker definiert werden. Diesen weltlichen Ereignissen ist eines gemeinsam: Sie vollzogen sich in immer schnellerem Tempo, während entsprechende technologische Fortschritte zu einer immer höheren Komplexität führten. Und wenn die Vielfalt vielfältiger wird, wird die Komplexität komplexer. Wir müssen die Auswirkungen der Geschwindigkeit verstehen, aber wir müssen auch viele Probleme der Vergangenheit vermeiden, die sich aus unseren exponentiellen Fortschritten ergeben.

Außerdem ist es wichtig, zumindest eine gewisse Steuerung der Geschwindigkeit zu erreichen. Vergiss »Work-Life-Balance« ein für alle Mal; diese Idee ist überholt, meiner Meinung nach war sie dies von Anfang an. Es gibt keinen eindeutigen Unterschied zwischen Arbeit und Leben. Alles ist Teil deines Lebens und du musst einen Weg finden, ein Leben im Gleichgewicht zu führen. Trotz der zunehmenden Geschwindigkeit und Komplexität der Dinge bist du mit einer bewussten Kraft ausgestattet, die dir hilft, runterzukommen in bestimmten Bereichen und eine Life-Life-Balance zu finden. Die gute Nachricht ist: Obwohl alles schneller und komplexer wird, bist es immer noch du, die oder der auf dem Fahrersitz sitzt und das Steuer in der Hand hält. Du hast mehr Macht, dein Leben zu kontrollieren, als du denkst. Deine Sichtweise und wie du dir Wissen aneignest, kann einen deutlich größeren Einfluss auf deine Realität haben, als du dir heute zutraust. Du kannst größtenteils wählen, wie du auf etwas reagierst, wie du deine Zeit einteilst und was du loslässt, um dein Leben einfacher zu machen. Du kannst all die neuen Productivity Apps und Tools ausprobieren, aber letztlich hängt alles von deiner Selbstdisziplin und deinen bewussten Entscheidungen ab. Es geht um *dich* und das Vertrauen in dich selbst. Es geht um das »Jetzt«, verbunden mit der Art und Weise, wie du dich für die Interaktion mit anderen entscheidest und dir neues Wissen aneignest.

15. MACHEN – NICHT MACHEN – DANN DOCH MACHEN

»Die wahre Beredsamkeit besteht darin,
das zu sagen, was zur Sache gehört, und
eben nur das.«
François de la Rochefoucauld

Mit anderen Worten: »Sag alles, was du sagen musst – nicht mehr.«

In gewisser Weise gilt dieser Satz auch für das, was wir tun sollten, im Vergleich zu dem, was wir tun könnten. »Wir sollten dies so machen«, sagt die charismatische Managerin und alle gehorchen. Das ist eine klassische Top-down-Befehls- und Kontrollfunktion. Der Satz: »Wir *könnten* das so machen« eines wahren Leaders zielt hingegen darauf ab, andere an Bord zu holen. Es ist eine Einladung zur gemeinsamen Gestaltung, zur Inklusion – da gibt es Dinge, die wir gemeinsam erforschen können –, oder: Outside-in versus Inside-out. Beim Satz »Wir sollten es so machen« ist das Ergebnis in der Regel erwartbar, während »Wir könnten es so machen« eine Suche nach wildem Wissen signalisiert.

Deine wichtigsten Fragen sind die, die du
noch nicht gestellt hast.

Es gibt im 21. Jahrhundert nichts Komplexeres
als die Einfachheit.

Nichts ist »einfach« – wenn jemand das behauptet, dann vereinfacht er.

In einer Welt, in der wir das Gefühl haben, dass alles bereits erfunden und erschaffen wurde und jeder grundlegende Gedanke bereits niedergeschrieben wurde, mag es so erscheinen, als ob es keine kleinen Geheimnisse mehr zu entdecken gäbe. Es scheint so, als wären wir ausschließlich mit den größten Geheimnissen konfrontiert. Mit Mysterien wie dem »Ich«, unserem Verstand und Bewusstsein sowie dem unendlichen Universum. Die Frustration, die daraus erwächst, diese Kluft zu erkennen zwischen den allgegenwärtigen Dingen und jenen Sachen, die wir vielleicht nie herausfinden, ist unser täglicher Kampf. Und es fühlt sich an, als würde sie immer tiefer. Das Gute daran ist, dass es schon immer so war. Schon in den ersten Jahren der industriellen Revolution Ende des 19. Jahrhunderts dachten wir, wir hätten den Höhepunkt von Innovation, Kreation und technologischem Fortschritt erreicht. Heute wissen wir, dass wir seitdem einen langen Weg zurückgelegt haben.

Eine Möglichkeit, dies zu bewältigen, ist Innovation oder horizontaler Wandel – einfach mehr desselben, nur effizienter und mit neuen Methoden. Eine andere Möglichkeit ist, den »Geheimnissen« nachzugehen – was für mich eine *echte* Veränderung wäre: vertikale Veränderung. Mit vertikaler Veränderung gelingt es uns, neue Modelle mit neuen Technologien zu kombinieren oder eine völlig neue Wahrnehmung zu entwickeln; ein Sprung in eine völlig neue und unorthodoxe Sichtweise unserer Welt. Aufgrund unserer Erfahrungen bewegen wir uns in Richtung Vereinfachung und finden den richtigen Fokus. Auf diesem Weg haben wir kein Ende im Sinn, kein Endziel. Mit Schlagworten wie »Industrie 4.0« und »digitale Transformation« vereinfachen wir die Suche nach der richtigen Denkweise, um mit den Fortschritten und Veränderungen, die wir erleben, zurechtzukommen.

Wir lernen, dass es beim Denken darum geht, Wissen zu sammeln, doch ohne Fokussierung und die Fähigkeit, zu vereinfachen, werden wir nicht wissen, wo und wie wir es einsetzen können.

Schon die große Philosophen der Vergangenheit haben den sprachlichen Ausdruck unserer Gedanken infrage gestellt. Mit moderner Wissenschaft und neurophysiologischer Forschung sind wir nun in der Lage, den Kortex zu analysieren und die Gedanken, die durch einen menschlichen Geist laufen, zu kartieren; aber immer noch haben wir viele Fragen. Ob wir uns mit Genies wie Hegel oder Kant beschäftigen oder mit dem Fortschritt der Wissenschaft: Noch immer entwischen uns die Geheimnisse des universellen Wissens und die Verspieltheit des menschlichen Geistes. Wir bleiben auf Unsicherheiten und Geheimnissen sitzen, was für viele frustrierend ist, aber dennoch ist dies weiterhin die Quelle der Schöpfung, des Fortschritts und der Kreativität. Vielleicht ist Einsteins Behauptung, er hätte nur zwei wirkliche Ideen gehabt, oder Heideggers These, dass außergewöhnliche Denker nur einen einzigen Gedanken hätten, eine sehr starke Vereinfachung der eigenen Leistungen, doch es liegt viel Weisheit in diesen Aussagen.

Trotz eines gewissen Grundverständnisses sind wir also noch weit davon entfernt, unsere Kreativität oder unser unterbewusstes Denken und Träumen zu verstehen. Die Psychologie, die Neurowissenschaften und die jüngsten exponentiellen Entwicklungen in den Bereichen KI, Biologie und Kognitionswissenschaften weisen große Fortschritte auf. Dennoch glauben viele, dass wir nicht viel weiter gekommen sind als die moderne Philosophie. In seinem Buch *Was heißt Denken* schreibt der einflussreiche Denker Martin Heidegger: »Das Bedenklichste in unserer bedenklichen Zeit ist, dass wir noch nicht denken.« In der Kurzgeschichte »Das unerbittliche Gedächtnis« des argentinischen Autors Jorge Luis Borges geht es um Ireneo Funes, einen Bauern aus Uruguay. Als dieser vom Pferd fällt und sich den Kopf anstößt, entwickelt er eine unglaubliche neue Fähigkeit – oder vielleicht den größten Fluch aller Zeiten: Er kann sich an absolut alles erinnern. Auf der einen Seite wirft die Geschichte ungelöste Fragen zum Potenzial des menschlichen Gehirns auf. Auf der anderen Seite zeigt sie uns die Grenzen des Zugangs zu unendlichem Wissen, Erinnerungen, Gedanken und Erfahrungen. Borges erinnert uns daran, dass der erste Schritt des Denkens das Vergessen ist. Um den richtigen Fokus zu finden und einen Zustand der Einfachheit zu erreichen, muss man vergessen.

Selbst etwas wie Ehrlichkeit, die für so wichtige Dinge wie Vertrauen und Empathie von zentraler Bedeutung ist, läuft auf eine Vereinfachung hinaus. Wir könnten von uns behaupten, wirklich ehrlich zu sein, aber würde der altgriechische Philosoph Diogenes von Sinope, der Gründer der »zynischen Philosophie«, noch leben, wäre er weiterhin auf der Suche nach diesem schwer fassbaren ehrlichen Menschen – trotz Transparenz und maschinengeneriertem Vertrauen durch Blockchain und KI. Das bedeutet nicht, dass wir (nur) Lügner sind, sondern dass die meisten von uns ihr Päckchen innerlich mit sich tragen.

In dem berühmten Theaterstück *Die Wildente* des norwegischen Schriftstellers Henrik Ibsen spricht eine der Figuren über »Livsløgner«, Lebenslügen. Es geht in dem Stück um Menschen, die kein echtes Leben führen, sondern von Selbsttäuschung und Illusion geblendet sind. Sie können sich nur mit der Außenwelt und falschen Selbstbildern identifizieren. Als ein Wahrheitsfanatiker erscheint und versucht, ihnen die unverstellte Wahrheit aufzuzwingen, wird offensichtlich, dass der Durchschnittsmensch ohne diese tief verwurzelten Lügen und falschen Selbstwahrnehmungen kein glückliches Leben führen kann. Die Botschaft des Stücks ist, dass wir ohne unsere Vereinfachungen nicht überleben können. Der Wunsch, Vertrauen aufzubauen, ist ohne Frage ein Kernelement der Ehrlichkeit, aber in einem größeren Zusammenhang ermutigen uns diese kleinen, sich selbst erhaltenden Lügen, weiterzumachen. Sie sind ein Teil unserer vereinfachten Realität und sichern unseren Fortschritt.

Vereinfachung durch Automation ist nichts anderes als blasses, verblasstes Denken. In unserer schnelllebigen Welt denken wir nicht. Das lässt sich recht einfach demonstrieren. Wenn wir zum Beispiel jede Bewegung, jede Kurve und jede Möglichkeit im Verkehr hyperanalysieren würden, herrschte das Chaos auf unseren Straßen. Ebenso sind unsere Äußerungen, unser Wissen und unsere Weisheit »gedankenlos«: Sie entstehen intuitiv oder entspringen trainierten, bekannten Reflexen, die unsere unbewusste, spontane Reaktion auf einen Effekt darstellen.

Kein großer Künstler, Maler oder Komponist kann seine Visionen, Gefühle oder Ideen hinsichtlich seiner inneren Ausdrucksform darlegen – es sind Vereinfachungen, die sich mithilfe der Kunst und des richtigen Fokus ausdrücken lassen.

»Ich kann es nicht in Worte fassen« ist ein Satz, den man von Verliebten oder von Dichtern und Philosophen hört. Die intuitive oder gefühlsmäßige Erfassung unserer intellektuellen oder psychischen Geisteszustände wird durch Worte und Sprache eingeschränkt. Darum ist das Wissen, das unsere Überlegenheit als Homo sapiens in rund 200.000 Jahren Menschheitsgeschichte über andere Arten begründet, etwas begrenzt. Als die Affen uns aus dem Dschungel in die Savanne scheuchten, veränderte sich die Art und Weise, wie wir kommunizieren; etwas entwickelte sich, das uns half, dank zwischenmenschlicher Verständigung zu überleben und uns als Spezies weiterzuentwickeln. Dies wiederum half uns, Gesellschaften zu gründen, und gab uns vor etwa 5.000 Jahren in Mesopotamien eine Schriftsprache. Mit diesem Durchbruch erlangten wir die Fähigkeit zu schreiben und die Fähigkeit, Informationen zu dokumentieren und zu speichern.

Sehr oft sind jene Dinge, die als »Totalität«, Absolutes oder Perfektionismus definiert werden, einfach unerfüllte Gedanken und Träume, eine ausgedrückte Abstraktion ähnlich der Unendlichkeit. Die Befreiung aus Zwängen, Zukunftsprojektionen, Plänen – ob als Routine oder Utopie – kann niemals etwas garantieren. Die Wahrscheinlichkeit des Wissens kann auf unserer Seite sein, die Verallgemeinerung scheint universell zu sein und unsere Hoffnung ist gebunden an das, »was wir wissen«. Aber mit der Hoffnung zu spielen ist, wie wir wissen, gefährlich und es gibt nur ein sicheres Ergebnis: den Tod. Und doch, wie der Futurist Ray Kurzweil feststellt, steht auch dies zur Debatte, wenn die Unsterblichkeit näher rückt.

In einer Welt der permanenten Revolution und des steten Wandels wird die Zukunft improvisiert; man braucht die Fähigkeit, zu beurteilen, welche Aspekte des Wissens auf Wirtschaft und das Leben im Allgemeinen anwendbar sind. Der Reiz bösartiger Weisheit verleitet dich dazu, zu verlernen und einen gedankenlosen Ansatz zu wählen, ein tieferes Verständnis, eine tiefere Bedeutung oder Vernunft zu erreichen – oder einfach neue und andere Lösungen zu finden. Das erfordert jedoch Fokussierung oder eine subjektive, bewusste Wahrnehmung des Jetzt – eine vereinfachte Weltanschauung. Unsere subjektive Realität basiert auf Vereinfachung und das macht es für einen Computer so komplex, Konzepte auf der Grundlage von Logik zu erfassen.

Wir schaffen Strukturen, Schubladen und Kategorien, um unsere wahrgenommene Realität zu vereinfachen.

Doch unsere Wahrnehmung ist die Linse, durch die wir unsere Welt sehen. So kraftvoll und schön unser Geist sein mag: Wenn wir die Wahrnehmung verändern und die Schöpfung genießen, dann besteht die Möglichkeit, dass wir frustriert sind, wenn wir mit der Komplexität konfrontiert sind. Eine neue Wahrnehmung, eine andere Sichtweise, ein neuer Weg, der nicht auf unserer logischen Argumentation basiert – darin liegen die Gründe, warum uns der richtige Fokus und die Kraft der Vereinfachung Überlegenheit verleihen und uns helfen voranzukommen.

Wir können miteinander über die Welt streiten und unser allzu komplexes Verständnis von ihr vereinfachen, aber die Wahrheit ist, dass uns vom Tag unserer Geburt an eine fiktive Version der Realität präsentiert wird. Man lehrt uns und zeigt uns, dass wir etwas sind, aber im Zusammenhang mit der ganzen Welt sind wir deutlich unwichtiger und irrelevanter als eine Schneeflocke, die in Røros (meiner norwegischen Heimatstadt) zu Boden fällt. Um es mit den Worten des theoretischen Physikers Stephen Hawking auszudrücken: Wir sind nur »chemischer Abschaum«. Selbst ernannte Experten und Führungskräfte können etwas Wertvolles lernen, indem sie dies bewusst erkennen und sich das Video eines TED-Talk des israelischen Quantenphysikers David Deutsch ansehen. (Chris Anderson, der Kopf hinter den TED-Talks, meint sogar, das sei der vielleicht beste TED-Talk aller Zeiten, und ich kann mich dem nur anschließen.) Deutsch erklärt, dass wir, wenn wir versuchen, Antworten auf die großen Fragen in verschiedenen Bereichen zu finden, erkennen müssen, dass die beiden Ressourcen Energie und Rohstoffe (noch) knapp sind, die dritte jedoch, das Wissen, unbegrenzt ist – im Grunde genommen bedeutet das: Je mehr du es nutzt, desto mehr hast du davon; und das führt uns zu der Erkenntnis, wie unfassbar das Wissen einer Wildnis ist, die wir erforschen.

Im Feld der Philosophie können wir tiefgründige Lehren finden zu: Fokus und Einfachheit; wie wir uns innerhalb unseres eigenen Paradigmas zu kontrollierter Weisheit bewegen und mit strukturiertem Wissen, angetrieben von der Kunst des Denkens, unseren strukturierten mentalen Zustand unterstützen – unsere eigene Welt, unsere eigene Realität.

Einer der Meister der Vereinfachung war der geniale französische Philosoph François de La Rochefoucauld aus dem 17. Jahrhundert. Er lebte in einer Zeit, in der Menschen dachten, dass Informationen und Wissen begrenzt wären und Ressourcen unbegrenzt, dass die Kunst der Philosophie dabei helfen könnte, alles zu verstehen. La Rochefoucauld schlug jedoch einen anderen Weg ein. Lange vor dem perfekten 140-Zeichen Tweet schrieb La Rochefoucauld das Buch *Maximen und Reflexionen*, das kaum 60 Seiten lang ist. Dies war zu einer Zeit, als Bücher noch dick waren und schwer zu lesen, äußerst untypisch. Er war ein Meister der Vereinfachung und skizzierte alles in Kürze, perfekt geformte Sprichwörter und Aphorismen. La Rochefoucaulds Buch gehört zu den Meisterwerken der Philosophie, da es die Macht der Strukturierung von Informationen durch Vereinfachung zeigt. »Geheuchelte Einfachheit ist Hochstapelei des Geschmacks«, schrieb er und meinte damit, dass falsche Einfachheit ein Versuch ist, andere zu täuschen, indem man behauptet, jemand oder etwas zu sein, das man nicht ist.

In letzter Zeit begegnen uns häufiger Beispiele für angeblich starke Führungskräfte, auch wenn diese keine Botschaft haben oder Lösung aufweisen. Vielmehr üben sie Autorität aus und handeln »wichtig«, als ob das die Lösung sei für die wachsende Kluft zwischen dem, was man zu wissen glaubt, und dem, was man wissen könnte. Unsere Generation kann sich an die Zeiten erinnern, in denen vieles so viel einfacher schien. Zum Beispiel war die Bedienung eines Fernsehers die eigentliche Definition von einfach: Es gab eine Taste mit zwei Optionen, »ein« oder »aus«. Das Leben war damals so viel besser, oder?

Vielleicht ist es dieses Gefühl, das so viele Menschen dazu bringt, für neue Parteien, unerfahrene Politiker und zweifelhafte Meinungsbildner zu stimmen, die eine einzige Botschaft vermitteln: »Damals war es besser als jetzt« oder »Lasst uns wieder großartig werden« (make something great again).

Aufgrund des Informationsflusses, der sich exponentiell beschleunigt, rasen wir auf etwas zu, das manche als »perfektes Wissen« bezeichnen. Für mich klingt das wie eine gezähmte Version dessen, was ich als wildes Wissen definiere; und obwohl es verlockend ist, dies zu glauben, denke ich, dass wir weit davon entfernt sind. Und Perfektion ist auch nichts, wonach man streben müsste. Perfektes Wissen ist eine Vereinfachung dessen, was Wissen eigentlich ist. Als jemand, der Technik, Physik und wissenschaftlichen

Fortschritt liebt, bezweifle ich, dass es uns gelingen wird, die Strukturen unserer Gedanken zu sezieren und herauszufinden, wie unser Geist funktioniert. Wir wachen jeden Tag ein wenig dümmer auf, dahindriftend auf den Wellen der technologischen Entwicklung und dem Schlamm der Informationsflut. Aus rein datentechnischer Sicht ist die Zähmung von Wissen mithilfe KI möglich. Ein perfekter Zustand des Wissens wäre dann nur noch die Vergangenheit und würde so für uns auf die Zukunft projiziert werden. Wir wären der Technologie unterworfene Zombies. Ein furchtbares Szenario für die Menschheit.

Die Zähmung von Wissen wäre nur dann möglich, wenn es einen Endzustand des Wissens – eine Gesamtheit – gäbe und wir verstünden, was Gedanken tatsächlich sind. Aber das tun wir nicht, deshalb erreichen wir keinen solchen »Endzustand«. Das Verstehen von Gedanken und Wissen kann nicht erreicht werden ohne das unvorhersehbare (und für mich riskante) Resultat dessen, wenn wir unseren Verstand in die Maschine einbringen. Stattdessen sollten wir versuchen, die einfachen Teile der Komplexität zu beherrschen, indem wir fokussieren und vereinfachen, damit wir den Fortschritt genießen und uns nicht von der Geschwindigkeit des Wandels frustrieren lassen. Ich glaube, dass wir weiter an KI und am biotechnologischen Fortschritt arbeiten sollten, um das Leben zu verbessern, aber wir sollten auch weiterhin zwischen Mensch und Maschine unterscheiden mit Blick auf Geist und Bewusstsein.

Wir alle wissen, dass das frustrierende Gefühl, sich nicht entscheiden zu können, aber über alles Wissen zu verfügen, die Möglichkeit, Entscheidungen zu treffen, ausschließen kann. Die Vereinfachung oder, besser gesagt, die Optimierung von Entscheidungsprozessen gehört zu den Dingen, mit denen Steve Jobs sich auskannte und die in der Entwicklung von Apple seit der Einführung des ursprünglichen iPod ziemlich gut nachzuvollziehen ist. Jobs, Meister der Fokussierung und der Einfachheit, stellte sein neuestes Kind vor: einen MP3-Player mit nur *einem* Knopf (ein großer runder), zwei Farben (Schwarz und Weiß) und zwei Größen (klein und groß). Er verstand die Bedürfnisse der Kunden, was beispielloses Wachstum nach sich zog. Das *Verstehen der Kundenbedürfnisse* wurde in der Folge zum neuen Standard. Die mutige Vision von Jobs machte Apple zu einem der wertvollsten Unternehmen der Welt. Im Nachhinein ist das alles ganz offensichtlich: Der einzelne Knopf und später das »Swipen« bedeuteten eine Einfachheit, mit der auch die kleinsten Kinder in Sekundenschnelle autodidaktisch zurechtkamen. Und wie immer: Wenn neue Technologien aufkommen, entstehen neue Wege, um mit ihnen zu arbeiten. Einmal angepasst, nehmen wir die Technologie jedoch als selbstverständlich hin und machen einfach weiter.

Das Problem liegt also woanders. Nicht mehr Buttons und Features bringen die Lösung, sondern zuhören und verstehen. Manager sprechen von Kundenzentrierung und kundengetriebenen Angeboten, aber nur wenige nehmen sich tatsächlich die Zeit, zuzuhören, zu verstehen und Produkte oder Dienstleistungen an die Benutzer anzupassen, nämlich an die Kunden. Aber Kunden sind die *Einzigen*, welche die Macht haben, alle, einschließlich des Top-Managements, aus dem Geschäft zu drängen. Das Problem ist sehr oft, dass wir alte Verhaltensweisen und Modelle auf die neue Technologie übertragen. Aber Technologie an sich hat keinen Zweck, sie zerstört keine Branchen. Erst das, was wir damit machen, oder besser gesagt: das, was unsere Kunden damit machen *wollen*, verändert das Spiel und stellt somit ganze Industrien auf den Kopf. Dies erst bestimmt, ob dein Unternehmen morgen noch da sein wird. Kunden wünschen sich die Aufmerksamkeit, die sie für richtig halten und sie ihrer Meinung nach verdienen. Sie wollen wertgeschätzt werden. Unternehmen können diese Erwartungen erfüllen, indem sie Produkte oder Dienstleistungen einfacher und effizienter machen oder andere Werte schaffen, die das Leben erleichtern. Kundenorientierung ist nicht etwas, worüber man nur schreibt oder spricht – sie ist etwas, das man tatsächlich tut. Es geht um Menschen. Verstanden? Geh hinaus und hör auf deine Kunden; sie könnten tatsächlich etwas zu sagen haben.

Das Smartphone, das wir heute als ganz selbstverständlich betrachten, lehrt uns eine wertvolle Lektion: An ihm lässt sich ablesen, wie sich der Einsatz von Technologien entwickelt und wie sich Kunden verändern und anpassen. Noch vor 30 Jahren chauffierte mein Vater ein »Autotelefon« im Wert von 10.000 US-Dollar im Kofferraum seines Wagens herum. Das Einzige, was er mit diesem Gerät tun konnte, war im Grunde genommen, den Hörer abzunehmen, eine Nummer zu wählen und die Worte »Ich bin im Auto« zu sagen, bevor er es dann stundenlang wieder aufladen musste. Es war eine sperrige, dumme Erfindung, die keinen wirklichen Zweck erfüllte. Deshalb dachten viele führende Technologieunternehmen, dass dies nichts anderes als ein Spielzeug für Reiche sei. Heute hingegen scheint es uns so, als hätte es das Smartphone schon immer gegeben; heute können wir nicht mehr ohne es leben. Das ist es, was die Technologie mit uns macht.

Als ich meiner damals siebenjährigen Tochter erklärte – während sie fernsah und mit ihrem iPad spielte –, wir hätten Ende der 1980er-Jahre ebenfalls *Die Glücksbärchis* im Fernsehen gesehen (bitte verurteilt mich nicht für das, was ich geschaut habe; aus mir ist trotzdem etwas geworden), nur hätten wir damals weder Internet noch Computer oder Smartphones gehabt, sah sie mich ungläubig an und fragte: »*Wirklich*? Ihr hattet damals also nur iPads?« Ich lachte und erwiderte: »Nein, Süße, nicht einmal iPads.« Selbst 20-Jährige haben heute Schwierigkeiten, sich eine Welt ohne Smartphones vorzustellen. Wir verbringen heute mehr Zeit mit digitalen Geräten als mit Schlafen; neuere Studien zeigen, dass wir jeden Tag sieben bis acht Stunden in der digitalen Welt unterwegs sind. Das bedeutet, dass wir die Hälfte der Zeit, die wir wach sind, etwas widmen, das vor 20 Jahren noch nicht einmal vorstellbar war. Es ist offensichtlich, dass dies einen großen Einfluss auf unser Leben hat und die Art und Weise verändert, wie wir leben. Wenn sich das Tempo der technologischen Entwicklung weiter beschleunigt, womit zu rechnen ist, wird sie manche Bereiche der menschlichen Evolution überflügeln. Was uns aber auf diesem Weg des Wandels und der Kreation unterstützt, ist unsere Fähigkeit, Informationen, Eindrücke und Erfahrungen zu verlernen, zu vernachlässigen, zu vergessen und in (neue) mentale Modelle und Denkmuster einzubringen, die wir dann auf die neue Welt projizieren. Wir befinden uns in einer Zeit der permanenten Revolution und des steten Wandels. Das mag chaotisch und unstrukturiert wirken, aber mit der Zeit werden wir uns gemeinsam mit der Technologie weiterentwickeln. Durch den Einsatz neuer Technologien und die Entwicklung neuer Modelle werden wir Lösungen finden, neue Wege entdecken, wie wir unser Leben strukturieren und vereinfachen, und neue Arten entwickeln, Wachstum zu erzielen und die Wirtschaft zu organisieren.

Bei Einfachheit geht es um Macht. Diejenigen, die über Macht verfügen, neigen dazu, das zu kontrollieren, was ihnen wichtig ist, indem sie weniger von dem tun, was ihnen gleichgültig, und mehr von dem, was ihnen wichtig ist. So war es immer im Laufe unserer Geschichte und innerhalb unserer hierarchischen Strukturen. Diejenigen mit weniger Macht mussten immer kämpfen und heute, da wir die Autoritäten in Algorithmen verlagern, werden diese Herausforderungen zunehmen.

Was gerade vor sich geht, ist, dass wir uns zur Einfachheit hingezogen fühlen. Wir werden uns jenen anschließen, uns mit jenen verbinden und ihnen sogar gehorchen, die uns einen einfachen Plan, einen simplen Traum und eine schlichte Vision verkünden, wie wir etwas Größeres und Besseres werden können. Das geschieht heute, wenn populistische Ideen und die allgegenwärtigen digitalen Medien unsichere

Menschen in radikale Positionen treiben. Die Menschen fühlen sich getrieben, gemäß diesem Top-down-Ansatz zu handeln. Wir haben einen langen Weg zurückgelegt, seit im Radio der Diktator seine Vision einer neuen Weltordnung gebrüllt hat, und ich denke mal, wir alle haben das Internet als die Lösung all unserer Probleme in einer stabilen, freiheitlichen Welt gesehen. Aber wenn wir ehrlich sind, dauert es noch, bis das der Fall ist. Der Wunsch nach Zugehörigkeit und Bindung ist im menschlichen Geist fest und tief verdrahtet, deshalb betrachten oder bewerten wir die Kräfte von Ursache und Wirkung der neuen Autorität der sozialen Netzwerke nicht oder nicht rational. Deshalb wählen die Menschen Politiker, die sich nur beklagen und die Hoffnung auf etwas anderes wecken. Deshalb verlassen die 30-Jährigen, die von Frustration erfüllt sind, das Haus ihrer Eltern und sind bereit, in den Krieg zu ziehen, egal welche Gründe und Visionen ihre »Führer« verkünden werden. Das Internet hat keine Seele und keinen Zweck. Es hat uns keine freiheitlichere Welt gebracht, sondern eine tragisch verdummte, die – mithilfe des Mahlstroms radikaler Meinungen, den sie liefert – Informationen blockiert und negiert, die sonst unseren Horizont erweitern würden.

Gleichzeitig belohnen diese Plattformen nur ähnliche Meinungen, sodass die Dynamik des Geschichtenerzählens, Teilens und »Likens« auf diesen Agenden aufbaut. Diese Netzwerke bieten keine Belohnung für Verständnis und Meinungsaustausch, keine Belohnung für das Einfühlen in den Menschen hinter dem Avatar, keine Infragestellung der Informationen, die hier über persönliche Kanäle verbreitet werden. Für mich führen diese Netzwerke zu einem Gefühl der Weisheit und des Lernens, ohne den zugrunde liegenden Kontext und die Klarheit zu verstehen. Donald Trump und der Islamische Staat sind Phänomene dieser in sich rotierenden Plattformen.

Heute müssen wir die Kunst des Denkens studieren und für uns wiederentdecken – und die Fähigkeiten der rechten Seite unseres Gehirns nutzen, aber nicht nur die, sondern die unseres gesamten Geistes –, um die Quelle der Intuition, des ganzheitlichen Denkens, der Visualisierung, der Fantasie und der Kreativität auszuloten. Eine der größten Herausforderungen, vor denen wir in den kommenden Jahren stehen werden, wird die Evolution unserer Spezies angesichts der Geschwindigkeit des Wandels der Technologie sein, die wir alle spüren und erleben.

Dies gilt auch für die Unternehmenswelt. Es gibt einen Sweetspot zwischen den Hebeln der Top-down-Kontrolle, den Zahlen wie Prozessen und dem »Bullshit« von ineffizienten Meetings und Memos. Einfachheit im Business entsteht durch die Nutzung des gesunden Menschenverstands und die Ausübung von Empathie. Die Geschäftswelt sollte auf die grundlegenden Bedürfnisse derjenigen abgestimmt sein, welche die Aufgaben erledigen. Wir müssen rückwärts denken und bei den Menschen beginnen, nicht bei starren Unternehmensprozessen. Heute brauchen wir die richtige Einstellung, die richtigen Menschen an Bord und eine Orientierung an der Realität des kontinuierlichen Wandels.

Wahre Einfachheit bedeutet aber auch Respekt. Respektierst du als Führungskraft die Zeit anderer? Wie gut bist du darin, ihre und deine Zeit zu nutzen? In welcher Form unterstützt du andere bei der Erstellung neuer Modelle und der Strukturierung wilden Wissens, um es zu einem Treiber des Wandels von innen heraus zu machen? Eine Vision und eine Strategie zu haben, um sich in eine gemeinsame Richtung zu bewegen, eine kreative, kollaborative Kultur zu etablieren und den Kräften des Wandels direkt zu begegnen – das ist die Rolle eines Leaders im modernen Unternehmen.

Die Komplexität der Welt und der tief greifende Wandel, der Globalisierung und Urbanisierung entspringt, stellen uns vor große Herausforderungen. Die Interdependenzen einer globalisierten Welt in vereinfachte Botschaften herunterzubrechen, auf die sich Menschen beziehen können, ist nicht nur die Aufgabe der politischen Leader, sondern auch die Herausforderung für Führungskräfte und Manager in jedem Unternehmen. Bevor sich Führungskräfte also ausschließlich auf Ausführung, Umsetzung und Geschwindigkeit konzentrieren, sollten sie einen Werterahmen definieren, den Fokus schärfen und die Gedanken durch Dialog und Interaktion strukturieren. Fokus und Einfachheit sind wirklich der Schlüssel zu Brillanz. Geschwindigkeit ist unerlässlich, aber die Vereinfachung der Realität ist es, die es uns ermöglicht, uns für ein gemeinsames Geschäftsziel zu verbinden. Albert Einstein mag für viele Dinge gefeiert werden, aber das folgende Zitat, das ihm zugeschrieben wird, ist besonders zutreffend: »Wenn man es einem Sechsjährigen nicht erklären kann, versteht man es selbst nicht.« Du musst die Dinge auf etwas herunterbrechen, das dir und allen anderen verständlich ist. Das ist eine Erkenntnis, die wir alle in dieser hochkomplexen Welt beachten sollten.

Wenn du als Führungskraft oder Unternehmer nicht die Bedürfnisse der *Menschen* – seien es Kunden oder Mitarbeiter – in den Mittelpunkt stellst und von ihnen ausgehst, wirst du den Wettbewerbsvorteil der Einfachheit nie effektiv nutzen können. Nicht deine Meinung zählt, sondern ihre Meinung.

Deinen Fokus enger zu definieren und die richtigen Dinge richtig zu tun bringt Fortschritt, deshalb solltest du dich auf Dinge konzentrieren, die wichtig sind. Diese Form des Fokus ist essenziell. Konzentriere dich auf Dinge, die du kontrollieren und verstehen kannst, und akzeptiere und begreife, dass dies nur eine Teilmenge der Dinge ist, die wichtig sind. Diese einfachen Prinzipien sind der Schlüssel, um die Kämpfe durchzustehen, die uns jeden Tag begegnen.

Unzählige Managementtheorien und Bücher über Produktivität ermutigen uns, morgens Qualitätszeit einzuplanen, um die Arbeit zu erledigen, die uns am wichtigsten ist. Dieser Ansatz berücksichtigt und betont langfristige Projekte, deren Fortschritte du nicht sofort registrierst. Wenn du das große Bild nicht im Blick hast, nicht eine Vogelperspektive einnimmst, ist dein Tag immer zu voll und deine Zeit wird von all den kleinen Aufgaben aufgefressen. Ein weiterer Vorteil ist: Wenn du morgens schon wichtige Aufgaben erledigst, bist du mit dir zufrieden, weil du das »Wichtige« angepackt hast. Das setzt Energie für den Rest des Tages frei.

Über all den großen, radikalen Veränderungen und den Aufrufen zur Revolution vergessen wir oft, einfach rauszugehen und Dinge zu erledigen. Die Arbeit an einem Fünfjahresplan oder das gründliche Nachdenken über Visionen und Strategien hat einen Zweck: Sie bieten Orientierung, dienen als Kompass. Aber Fortschritt entsteht durch Handeln; er ist das Ergebnis, wenn man Dinge tut. Es gibt dabei *keine* geraden Linien. Das Leben verläuft nicht linear. Einer der Hauptverfechter des Konzepts, einfach Dinge zu erledigen und umzusetzen – der Meister des Tuns, Tom Peters –, berichtet, dass seine einzige wahre Lektion auf das Jahr 1960 zurückgeht und mit einer einfachen Binsenweisheit zu beschreiben ist: »Am Ende gewinnt, wer die meisten Dinge ausprobiert hat.« Keine komplexe Formel, keine geheimnisvollen Theorien – einfach anfangen, probieren und Sachen umsetzen. Vielen aber steht dabei das Ego im Weg. Wann hast du dich das letzte Mal zum Narren gemacht? Kannst du über dusselige Dinge lachen, die du getan hast? Verwundbarkeit ist die Wiege von Kreativität, Innovation und Fortschritt, aber sie hat ihren Preis. Du musst loslassen und akzeptieren, dass du dusselige Dinge tun wirst. Der erste Versuch wird nie das erbringen, wonach du strebst. Verstehe, dass du nie deine optimale Form erreichen wirst, immer wird es Dinge geben, die du besser hättest machen können. Akzeptiere das und mach dir bewusst, dass, wenn du einfach loslegst, wenn du es einfach machst, du neue Erkenntnisse und Erfahrungen sammelst, wildes Wissen findest; auf diese Weise wirst du auch die Fallstricke der bösartigen Weisheit umgehen. Sprich mit Menschen, tausche Ideen aus und bewege dich weiter, ohne zu wissen, wohin du gehst oder wo du landen wirst.

Jetzt, am Ende dieses Teils des Buches, da wir überblicken, was wir tun, nicht tun oder später tun sollten, verstehen wir, dass wir auf Vereinfachung hinarbeiten. Unsere Fokussierung, das laute Denken, die Strukturierung unserer Gedanken, der richtige Grad an Konzentration, der Umgang mit der rasanten Geschwindigkeit des Wandels und dem hektischen Tempo unserer Gesellschaft – dies alles gehört notwendigerweise zu einer Welt, die außer Kontrolle geraten ist. Wenn es den Anschein hat, dass du die Welt kontrollieren kannst und alles im Blick hast, bewegst du dich wahrscheinlich nicht schnell genug. Die Frage bleibt dennoch: Schnell genug wofür? Wir sollten aufhören, uns selbst so ernst zu nehmen. Wenn du über dich selbst lachen kannst, wenn du aufhörst, selbstgefällig zu sein, und deinen Geist leerst, werden die Dinge von selbst an ihren Platz rücken, es muss nicht alles kontrollierbar und erklärbar sein. Wenn du das schaffst, wird das Resultat Konzentration und Simplifizierung in allen Bereichen deines Lebens sein.

In unserem Arbeitsleben gibt es viele gute Gründe, warum man weniger tun möchte. Das kann dazu führen, dass du dich permanent mit der Frage beschäftigst, was du wirklich tun solltest. Vielleicht liegt unserem permanenten Streben nach der »Work-Life-Balance« zugrunde, dass wir Arbeit als wichtig empfinden, es uns aber auch klar wird, dass sie nicht alles ist. Menschen müssen sich auch damit beschäftigen, was außerhalb der »Arbeitswelt« passiert. Wir wollen etwas für unsere Gesellschaft bewirken oder streben nach bestimmten Zielen und wollen in allem, was wir tun, gern die Besten sein. Diese Ambivalenz, sich permanent mit dem zu beschäftigen, was man eigentlich tun sollte, führt oft zu einer Handlungshemmung. Fortschritt kannst du erreichen, indem du dich dafür entscheidest, weniger zu tun, und das auch umsetzt. Weniger zu tun macht dich nicht faul; es erlaubt dir eine klare Konzentration auf das, was wirklich zu tun ist. Sobald dir dies klar ist, springst du nicht mehr hin und her. Weniger zu tun und sich von manchen Sachen zu lösen ermöglicht dir, die Dinge anzugehen und zu tun, für die du dich bewusst entschieden hast. In einer Welt, die von hoher Komplexität, unlimitierten Möglichkeiten und Störfaktoren geprägt ist, geht es um zwei Sachen: zu *fokussieren* und zu *simplifizieren*. Das ist dein Weg.

TEIL IV
WERTE &
EMOTIONEN

Lebst du nach dem kategorischen
Imperativ? Oder bist du sogar dabei,
ein Mensch zu werden?

1785 präsentierte Immanuel Kant eine Philosophie, die man als eine Möglichkeit definieren kann, die eigenen Handlungsmotive zu bewerten. In seinem Hauptwerk *Die Metaphysik der Sitten* erklärte Kant: »Handle nur nach derjenigen Maxime, durch die du zugleich wollen kannst, dass sie ein allgemeines Gesetz werde.« Das eigene Handeln sollte also an einem universellen Gesetz ausgerichtet sein. Heute, in unserer schnelllebigen Gesellschaft, getrieben von den Auswirkungen der Technologie, müssen wir zur kantischen Vernunft und Philosophie zurückkehren und neue Fragen suchen. Wir müssen uns unserer wahren Beweggründe für unser Handeln bewusst werden und herausfinden, was wir wirklich wollen. Wenn wir genau wüssten, was Emotionen sind, und wenn wir das perfekte ethische System definieren könnten, wären wir vielleicht in der Lage, einen künstlichen moralischen Kompass für KI zu entwerfen, um auf dieser Grundlage perfekt affektive Roboter zu entwickeln, schnelle Fortschritte in künstlicher Empathie und potenziell künstlichem Bewusstsein zu erzielen und möglicherweise eine perfekte Symbiose zwischen Mensch und Maschine zu finden. Aber dem ist nicht so. Wir sind nicht einmal nah dran. Von manchen Teilen wissen wir nicht einmal, wie wir sie adressieren sollen. Und persönlich glaube ich, dass wir nie so weit kommen werden – oder zumindest ist dies nichts, worauf wir hoffen oder wonach wir streben sollten, denn ein solches Szenario könnte genauso gut das Ende des Humanismus und das Ende unserer Existenz bedeuten. Es ist verlockend, zu hoffen, dass wir eine neue Definition entwickeln werden. Wenn wir die Arbeiten von Hegel auf den Prüfstand stellen. Was passiert mit der Subjektivität und mit unserem Bewusstsein, wenn wir unser Gehirn an das Netz andocken? Wohin wird die Reise gehen?

Meiner Überzeugung nach gibt es bestimmte Dinge, die wir »menschlich« lassen müssen und nicht durch Algorithmen replizieren oder künstlich oder digital machen dürfen. Zwar können wir dies noch nicht greifen, doch unsere Aufgabe ist, herauszufinden, was »echt« ist im Leben. Lieben und Leiden, das, was wir als »real« bezeichnen, wenn wir über Menschen sprechen – das ist es, wonach wir streben sollten. Das sollten wir menschlich lassen. Warum? Darauf gibt es keine Antwort, aber mit dem Post-Humanismus steht zu viel zur Disposition. In diesem Fall hilft die Gegenfrage: Warum nicht? Wir brauchen einen sehr guten Grund, um unser Wesen zu digitalisieren. Das Problem ist nur, dass wir nicht genau wissen, was uns ausmacht. Was unterscheidet uns Menschen tatsächlich von Algorithmen oder zukünftigen Maschinen? Womit können wir konkurrieren und welches sind die wesentlichen Treiber unserer heutigen Geschäftswelt? In einer Welt, in der die Technologie immer mehr von dem übernimmt, was früher dazu diente, Wettbewerbsvorteile durch menschliche Fähigkeiten zu erzielen, bleibt uns heute lediglich das Wesentliche dessen, was uns menschlich macht. Wir bringen darum Ethik ins Business und beschäftigen uns mit unseren Emotionen und unserem Bewusstsein auf der Suche nach neuen Wegen. So setzt sich unsere Reise fort. Je mehr wir digitalisieren, je mehr wir Dinge auslagern, desto dringender scheint uns die Frage: Was wollen wir erreichen?

Angesichts des technologischen Wettlaufs sind wir alle dazu angehalten, wesentliche, oder sollte ich sagen: existenzielle Fragen zu stellen. Immanuel Kant hat etwas vorgeschlagen, das für jeden Menschen ein wesentlicher Ausgangspunkt und ein Kompass sein kann, wenn man so will. Zu den vier kantischen Fragen sollten wir alle heute einen Bezug haben. Sie lauten:

1. Was kann ich wissen?
2. Was soll ich tun?
3. Was darf ich hoffen?
4. Was ist der Mensch?

Mit der Aufnahme von Werten und Ethik in unsere Businesswelt beginnen wir, über Emotionen und moralische Kompasse in Unternehmen zu sprechen, wir spüren, dass uns eine Veränderung bevorsteht. Wir sprechen darüber, ob wir in das finale Maschinenzeitalter eintreten oder ob wir jetzt endlich ein Menschenzeitalter erreichen, eine Ära, in der wir das volle Potenzial des Menschen nutzen können. Was wollen wir erzielen?

Die Fragen halten Einzug in die Vorstandssitzungen rund um den Globus. Welches sind die tatsächlichen Werte und moralischen Rahmenbedingungen, nach denen wir leben oder führen sollten? Welche Rolle spielen Emotionen in unserem Geschäfts- und Privatleben im 21. Jahrhundert? Wie viel davon kann und wird tatsächlich durch Technologie ersetzt werden und wie viel bleibt uns von dem erhalten, was wir als menschlich bezeichnen? Was wollen wir digitalisieren? Wir wissen, dass Werte von Emotionen beeinflusst werden und umgekehrt. Neben dem technologischen und wissenschaftlichen Fortschritt sind es die Ideen und das Verständnis von Werten und Emotionen, von denen Einzelpersonen und Unternehmen heute am meisten lernen und von denen wir profitieren.

Das Herz wird seinen Platz in jedem Unternehmen finden. Noch immer leben es wirklich nur wenige Unternehmen und nutzen die Kraft und das Potenzial des ganzherzigen Unternehmens. Aber zumindest passiert langsam etwas. In diesem letzten Teil des Buches werfen wir einen einfachen und kurzen Blick auf die andere Säule der Philosophie, auf die »Kunst des Lebens«, und beleuchten, wie sie zu einem integralen Bestandteil unserer Businesswelt werden wird und geworden ist. Aus Businesssicht ist dieses Wissen und diese Weisheit für alle da und frei verfügbar. Die Wirtschaft kann von der Philosophie der »Kunst des Lebens« profitieren. Wir stehen noch ganz am Anfang, aber schon heute ist klar: Wir benötigen einen ganzheitlichen Ansatz für Führung und Wirtschaft.

Weiter oben war ja schon die Rede davon, dass Google ein Jahr lang intensiv Daten gesammelt und analysiert hat, um herauszufinden, was ein leistungsstarkes Team ausmacht. Das Ergebnis: Produktive Teammitglieder unterscheiden sich von unproduktiven darin, dass sie sich bemühen, ihre Kollegen zu verstehen, Beziehungen aufzubauen, und versuchen, den eigenen Standpunkt verständlich darzulegen. Was wir daraus lernen, lässt sich in zwei Worten zusammenfassen: nett sein.

Entsprechend lautet ein Geheimnis im 21. Jahrhundert: Gute Führungskräfte haben keine Angst davor, nett zu sein.

Aber wie viele möchten anderen Menschen helfen und sie unterstützen? Wie viele sind gern nett? Und wie sieht es bei dir aus? Hilfst du gern? Magst du es, nett zu sein? Wenn du beide Fragen mit Ja beantworten kannst, hast du gute Chancen, ein Leader zu werden. Oder, noch besser, du bist ein Leader.

Wenn wir über Werte und Emotionen sprechen, erschließen wir uns ein weiteres Feld der Komplexität in der Wirtschaft wie natürlich auch in unserem Leben im Allgemeinen, da wir alle irgendwie versuchen, eine zufriedenstellende »Life-Life-Balance« zu erreichen. Technologie ist heute selbstverständlich; alles, was digitalisiert werden kann, wird von »der Maschine« zerhackt und »effizientisiert«, während die Kosten für physische Objekte in unserer Null-Grenzkosten-Gesellschaft gegen null sinken. Zurück bleibt jedoch (weiterhin) der Mensch. Der ausschließliche

Fokus auf Technologie und Digitalisierung ist darum keine Garantie für irgendetwas. Im 21. Jahrhundert nutzen erfolgreiche Unternehmen die Technologie effektiv, gerade um das Potenzial der Menschen freizusetzen und somit unsere Ansichten zu dem, was wir »Human Resources (HR)« nennen, neu zu definieren. Es geht nicht um einen möglichst effizienten Einsatz von menschlichen Ressourcen: Die neuen Gewinner sind die Maximierer des Mitgefühls, Unternehmen, die einem moralischen Kompass folgen, und die Leader, die es lieben, ihre wahren Gefühle und Emotionen zu zeigen, um das Potenzial der Menschen zu befreien, und die es wagen, verletzlich zu sein.

Es gibt viele Bücher über eine Revolution des Bewusstseins und den Übergang von Neid zu Bewunderung, eine Zeit der Großzügigkeit oder die Sharing-Economy. Ich bin überzeugt, dass das 21. Jahrhundert unweigerlich eine Zeit sein wird, in der wir gemeinsam vorankommen und mehr über unsere Gefühle und Emotionen, unsere sensorischen Erfahrungen und unsere Intuition erfahren. Wir alle haben Emotionen und Erlebnisse, diesen Aspekte unserer Menschlichkeit müssen wir nutzen. Unternehmen sind noch nicht so weit, über Spiritualität zu sprechen oder gar einen Chief Empathy Officer zu berufen (man könnte vielleicht den CEO für diese Rolle vorschlagen oder ihn durch jenen anderen CEO ersetzen), also müssen wir uns gleichzeitig schnell und langsam bewegen, um nicht zu riskieren, alles, was wir haben, an die Technologie weiterzureichen. Ich glaube, wenn unsere Spezies überleben soll, ist es notwendig, diese Ziele ganz oben auf unsere Agenda zu setzen – und zwar jetzt.

Im Laufe der Geschichte, von den Wikingern bis hin zu Mahatma Gandhi, hat das Geschichtenerzählen menschliche Emotionen angetrieben und inspiriert. Es ist schwer zu sagen, was die Wikinger oder Gandhi hinterlassen haben, aber sie werden auf unterschiedliche Weise geschätzt und als großartige Menschen und – ich wage zu sagen – als beeindruckendste »Marken« in Erinnerung behalten, die je gelebt haben. Ein Volk und eine Person. Symbolisch ist auch heute die Realität und die Authentizität, mit der wir uns, ohne es logisch erklären zu können, identifizieren. Diese Authentizität treibt den Fortschritt und den Erfolg aller Storys voran. Genau dies war es auch, was die Geschichten der Wikinger weitergetragen hat oder die unglaubliche Leistung sowie die Geschichte von Gandhi, die uns für immer erhalten bleibt. Egal in welcher Art unsere Emotionen, Gefühle, Gedanken und Ideen die Art und Weise beeinflussen, wie wir reagieren und wie und warum wir Produkte oder Dienstleistungen kaufen, wir suchen dennoch oft vorgeblich logische Erklärungen, um unsere Emotionen zu rechtfertigen. Wir kaufen nämlich nicht Produkte und Dienstleistungen, sondern eben Storys, Zusammenhänge und die Magie des nicht Greifbaren.

Wir lernen immer noch, die Technologie anzupassen und zu verbinden, um Ökosysteme zu erschaffen und neue Möglichkeiten zu nutzen. Im Zentrum dieser Ökosysteme stehen außergewöhnliche Ideen, Werte und kraftvolle Botschaften, die unsere Emotionen ansprechen. Das ist der »weiche Anteil«, die Authentizität, das, was wir »echt und wirklich« nennen. Hier bauen wir Vertrauen und Beziehungen auf, lernen, uns zu verbinden, zu engagieren und das besondere Gefühl zu spüren, das eine Beziehung uns und unseren Mitmenschen vermittelt. Es ist unser Verständnis von Empathie, unser Weg zum Mitgefühl und zu mehr Selbstbewusstsein.

Das Problem dabei? Die meisten von uns leben noch in einem Vakuum oder in einem permanenten Reaktionsmodus, indem sie nur auf Impulse reagieren. Führt man sich dies in Kombination mit unserem täglich (durchschnittlich) siebenstündigen Aufenthalt in der digitalen Welt vor Augen, könnte man sogar sagen, dass wir zu digitalen Zombies geworden sind. Heute pfeifen wir auf unsere Prinzipien und folgen dem, was uns als Erstes in den Sinn kommt. Unsere schnelllebige Welt bewirkt, dass wir frustriert sind aufgrund unseres schwindenden Gefühls von Kontrolle. Wir alle brauchen eigene, individuelle Werte und ein Glaubenssystem, das uns stützt, etwas, auf das sich unsere Emotionen beziehen und das wir schätzen. Wir alle sind ein Produkt jener Reaktionen, für die wir uns in der Vergangenheit entschieden haben. Leider braucht es für viele von uns eine tief greifende Erfahrung, um an einen Punkt zu gelangen, an dem sie einen basalen Bewusstseinszustand erreichen können; einen Zustand, in dem wir Emotionen und Werte nutzen können. Dies ist die Art von Veränderung, die aus tieferem Lernen und Fühlen erwächst, im Gegensatz zu Veränderungen, die von äußeren Faktoren wie Reaktionen und automatischem Funktionieren beeinflusst werden. Der Unterschied liegt in unserem Bewusstsein, gepaart mit einem grundlegenden Wertegerüst.

Wie sieht dein Werterahmen aus? Bist du (noch) von »Äußerem« getrieben – oder hast du diese innere Kraft? Vertraust du dir selbst, vertraust du darauf, dass du dich voll und ganz entfalten kannst? Mit anderen Worten: Fühlst du dich authentisch? Echt? Ist die Rolle, die du spielst, echt? Keine Sorge, die Suche nach einem »authentischen Selbst« ist ebenso sinnlos wie die Suche nach dem Weihnachtsmann oder dem Osterhasen. Die Spiegelung des eigenen Selbst und ein zunehmendes Bewusstsein für die verschiedenen Rollen, die wir einnehmen, sind jedoch unerlässlich. Es geht um die Frage, wie wir unserer Einzigartigkeit näher kommen, wie wir die beste Version von uns selbst werden, wie wir außergewöhnlich werden können – wie wir uns selbst immer mehr auf die Schliche kommen durch das Aneignen von Wissen und durch bewusste Beobachtung. Das ist unsere Reise.

16. FINDE DEIN MANTRA

Persönlich wie beruflich solltest du deine Vision(en) und Strategie(n) definiert haben. Du solltest wissen, wohin deine Reise geht, und einen Plan haben, wie du dies umsetzt – Ziele, Aufgaben, Vorhaben und Schlüsselergebnisse sollten definiert sein –, und du solltest über die notwendigen Werkzeuge und Prozesse verfügen, die dich dabei unterstützen, das zu realisieren. Es gibt viele Tools, die Unternehmen dabei helfen, die tägliche Flut von E-Mails, Präsentationen und Excel-Pingpong zu bewältigen. Technologie ist eine gute Unterstützung in diesem Punkt. Wichtig ist auch eine Offenheit dafür, jene Tools zu verwenden, die sich richtig anfühlen. Das ist der Schlüssel zum Erreichen von operativer Exzellenz. Technologie hilft dir in vielerlei Hinsicht, damit du dich auf Grundlegenderes konzentrieren kannst – nämlich auf das Definieren oder Finden deines Mantras.

Der Zen-Buddhismus beschreibt Mantras als die »Instrumente des Geistes«. Steve Jobs, der sein Mantra lebte, sagte treffend: »Einfachheit ist letztlich eine Frage des richtigen Fokus. Einfach kann härter sein als komplex; man muss hart arbeiten, um sein Denken klar zu bekommen, um es einfach zu machen. Aber es lohnt sich am Ende, denn wenn man dort ankommt, kann man Berge versetzen.« Man braucht also Zeit und ein tiefes Verstehen, um zu vereinfachen.

Führungskräfte verbringen übermäßig viel Zeit damit, komplexe Leitbilder zu erstellen, die auffällige Webseiten schmücken, um ihr Handeln zu rechtfertigen. Sie geben viel Zeit und Geld aus, um ein strahlendes Image nach außen hin zu zeigen. Was du stattdessen tun solltest, ist, dich auf das Innere zu konzentrieren, indem du ein Mantra definierst. Zwei oder drei Wörter sind ideal für das, was du anstrebst – eine Affirmation, die deinen höheren Zweck einfängt sowie genau das definiert und beschreibt, wofür du stehst. Je einfacher du es fassen kannst, desto aussagekräftiger wird es sein. Man könnte dies auch als deine persönlichen Kernwerte betrachten. Viele Menschen tragen eine lange Liste von Werten zusammen, auf die sie sich beziehen wollen. Es ist jedoch essenziell, sich wirklich auf zwei oder drei zu konzentrieren, auch wenn das äußerst schwierig ist. Sobald dies geschehen ist, ergeben sich die Prioritäten und ihre Reihenfolge. Dein Mantra wird dir eine perfekte Anleitung sein für das, was du tun, und – vielleicht noch wichtiger – für das, was du *nicht* tun wirst. Unternehmen, die sich in schwierigen Zeiten an ihren Grundwerten orientieren können (und werden), können (und werden) stärker denn je werden. Wenn du dein Mantra suchst, achte auf inspirierende Prinzipien, nach denen du leben kannst, oder nach Leitlinien, die andere inspirieren, ein besseres, erfülltes Leben zu führen.

Wir sollten aber auch Spaß nicht vergessen – das Leben wird oft und schnell zu ernst. Wir müssen neugierig sein, um kreativ zu werden. Häufig stecken wir im Hamsterrad fest, überwältigt von den Aufgaben, Pflichten, Möglichkeiten und Ablenkungen unseres täglichen Lebens. Wenn wir nicht bewusst mit unseren persönlichen und beruflichen Zielen verbunden sind, können diese Schaden nehmen und uns in einen Zustand der Illusion und Frustration führen. Die Frustrationen und die Geschwindigkeit des 21. Jahrhunderts zu überwinden ist entscheidend für den Erfolg, eine positive Haltung sowie für Effizienz und Glück. Genau wie das Betriebssystem eines Computers bist du ein Produkt aller Module, die während deines Lebens und deiner Karriere installiert worden sind. Ebenso ist ein Unternehmen ein Spiegelbild aller Module, die es umfasst. Ein Mantra hilft, die Regeln zu vereinfachen; es schafft die Richtlinien, nach denen du dein Leben führst und dein Business organisierst. Es gibt dir die Möglichkeit, die Herausforderungen und Konflikte zu überwinden, welche die Welt dir auferlegt.

Bei Schwierigkeiten an alten Lösungen starr festzuhalten ist ein großes Problem. Wenn wir uns Herausforderungen oder Ablenkungen gegenübersehen, wenn wir unsere Ziele nicht erreichen, fühlen wir uns meist niedergeschlagen und besiegt. Doch in den meisten Fällen sind wir viel stärker und besser, als wir uns selbst zugestehen, wenn wir unseren Blickwinkel aus dem fixen System lösen. Unser Geisteszustand und unser Bewusstsein sagen uns, wie wir reagieren sollen. Sind wir abgelenkt, besteht die Gefahr des »Bauchgefühlkurzschlusses«, den ich weiter oben beschrieben habe. Dieser basiert, wie schon erklärt, auf unseren bisherigen Erfahrungen und Grundwerten. Unsere Weisheit würde uns normalerweise helfen, die richtige Entscheidung zu treffen, aber externe Einflüsse führen uns in die Irre, sie bringen uns dazu, uns falsch zu entscheiden, und das hinterlässt ein Gefühl von Verhängnis und Dunkelheit.

Dein gewähltes Konzept als Führungskraft deiner Organisation (und Hüterin deines eigenen Lebens) bestimmt dein Schicksal. Einschränkende Überzeugungen oder ein negatives Selbstbewusstsein gehören ab sofort der Vergangenheit an. Das Gute ist, dass es nie zu spät ist, sich zu ändern.

Unabhängig davon, in welchem Zustand wir uns befinden, können wir unser Mantra skizzieren und definieren, um uns eine starke und positive Zukunft zu eröffnen – eine Zukunft, die auf Kreativität, Effizienz und Glück basiert.

Loslassen

Sobald du dein Mantra klar definiert hast – etwas, womit du dich identifizierst –, kannst du weitere zwei oder drei Wörter oder eine einfache erklärende Aussage suchen, mit der du oder jemand anders dich beschreiben kann. Mach es zu etwas Positivem und Mächtigem, das dich bei der Festlegung intelligenterer Ziele für die Zukunft unterstützen wird. Es muss eine bejahende Aussage sein und sollte im Präsens formuliert sein. In Zeiten der Unruhe oder wenn klare Konzentration erforderlich ist, beschwöre dein Mantra, um deine innere Kraft, deine Fähigkeiten und

Fertigkeiten zu stärken, die für die bevorstehenden Prüfungen notwendig sind.

Das Mantra ist wie eine gute Story und du bist der Geschichtenerzähler für deine Organisation. Je häufiger du es wiederholst, desto stärker wird deine Story. Das Mantra vermittelt eine starke Botschaft, es gibt Inspiration und deine Organisation mit ihrem Drumherum erfährt eine positive Bestätigung, auf die sie sich beziehen kann.

Wir haben die Kraft, jene Dinge nicht mehr zu akzeptieren, die uns zurückhalten oder von unserer Reise ablenken. Gruppen und Teams, die von einem positiven Mantra und inspirierenden Gedanken geleitet werden, agieren erfolgreicher. Wir alle haben dies oft erlebt, Steve Jobs ist unter anderem ein brillantes Beispiel für einen Leader mit einem Mantra.

Hast du schon dein Mantra? Wann wirst du es erstellen?

Reserviere dir dafür Zeit in deinem Kalender. Und wie gehst du dabei vor? Zum Beispiel wie im Folgenden beschrieben.

Drei Schritte zu deinem persönlichen Mantra

1. Identifiziere, was dich heute zurückhält oder nach unten zieht.
2. Erstelle eine Liste mit drei Enttäuschungen aus dem letzten Jahr. Schreibe neben jeder von ihnen auf, was du aus heutiger Sicht – jetzt, da du mehr weißt – hättest tun können, um daraus erfolgreiche Erfahrungen zu machen.
3. Halte dein neues mentales Mantra schriftlich fest als Affirmation dessen, was du erreichen möchtest.

Zum Beispiel:

- (Ent-)Täuschung:

- Warum es dazu gekommen ist:

- Wie du dies verändern möchtest:

Die folgenden Schritte sind hilfreich, um ein Mantra für dein Unternehmen zu definieren:

- Welche drei sind die wichtigsten Leistungen, die dein Unternehmen erreicht hat?

- Was haben du und dein Team getan, um sie zu ermöglichen?

Beschreibe klar und eindeutig mit einzelnen Stichworten oder einem kurzen Satz, wie ihr das gemacht habt.

Zum Beispiel:

- Das haben wir/ich erreicht:

- So haben wir/ich es gemacht/geschafft:

- Darum haben wir/habe ich das so gemacht:

- Formuliere dein/euer Mantra:

Zum Schluss:

Schreibe zwei oder drei Werte auf, für die du stehst und nach denen du lebst beziehungsweise leben wirst:

-

-

-

17. DAS HERZ DES UNTERNEHMENS

Das Geschäft der Wirtschaft reduziert
sich auf ein Wort: **Menschen.**

Das Herzstück jeder Organisation ist ihre Kultur – das kollektive Wesen und die Essenz –, die nicht kopiert werden kann. Wenn sie stark und gut unterfüttert ist, kann die Kultur dir helfen, schwierige Zeiten zu bewältigen. Die Kultur wird von dir, deinen Mitarbeitern, von deinen Kollegen und Kunden geschaffen. Ein starkes Herz zu erschaffen ist ein Prozess, es erfordert ständige Aktivität rund um die Uhr. Aber es ist eine Investition, die sich auszahlt.

Technologie ist eine Wirkkraft, die dich von außen beeinflusst, du brauchst aber auch eine gute Einstellung und ein gutes Mindset, um dich von innen zu lenken. Wir sind denkende und handelnde Organismen und Organisationen, die bewusst und unbewusst unseren Zielen und Werten folgen. Und obwohl Sinn, Pläne und Werte das Epizentrum deines Unternehmens bilden, ist es das Herz, das uns die Kraft gibt, zu atmen. Es verleiht uns eine höhere Bedeutung, ermöglicht Verspieltheit, ist eine Lebensader für Glück und gibt uns Orientierung, es ist ein Kompass bei stürmischem Wetter. Eines der bekanntesten Bücher zu diesem Thema ist *True North. Discover Your*

Authentic Leadership von Bill George; es zeigt uns, warum und wie das Herz unser Business beeinflusst und Organisationen prägt und wie es uns als Einzelne führen kann. Wir alle werden von der Weisheit des Herzens getrieben und geleitet.

Vergiss also das große Mission Statement und beschreibe einfach, wer du bist. Deine Vision kommt aus dem Herzen und – wie wir ja schon besprochen haben – aus deinem Mantra. Lass die Menschen um dich herum wissen, wie der Erfolg aussieht, den sie erreichen werden – zeige ihnen eine Momentaufnahme der Zukunft. Die Leidenschaft für eine Vision ist ansteckend. Gib dein Herz hinein und sprich mit der Sprache des Herzens, so bringst du die Menschen um dich herum dazu, sich in die Vision einzuklinken und sich einzubringen. Kunden und Kollegen engagieren sich, wenn sie sehen, dass du es tust, wenn du sagst, was gesagt und getan werden muss, um die Vision zu verwirklichen. Wir müssen mit einer Vision führen, die auf lange Sicht ausgelegt ist – und wir müssen mit dem Herzen führen –, um unser Schicksal zu finden. Hast du den Mut, deinem Schicksal zu folgen?

Simon Sinek erklärt in seinem Buch *Frag immer erst: warum. Wie Topfirmen und Führungskräfte zum Erfolg inspirieren*, dass Menschen dir nicht abkaufen, was du tust, sondern *warum* du es tust. Das musst du dir klarmachen. Begeisterte Mitarbeiter und Kunden, die an deine Sache glauben, sind die mächtigste Ressource, die ein Unternehmen haben kann. Wie das Herz lässt sich dies nicht einfach herstellen oder wie ein Farbanstrich auftragen, sondern im

Gegenteil: Man hat es einfach. Unternehmen haben keine Kultur, sie sind die Kultur – das ist ihre Essenz.

Aber wie sieht eine perfekte Unternehmenskultur (das Firmenherz) aus? Im Idealfall sollten die Mitarbeiter und Mitarbeiterinnen ihre Arbeit lieben beziehungsweise lernen, wie sie sie lieben können durch das Umfeld und die kollektive Denkweise. Dann kommen sie gerne ins Büro und die festgelegten Arbeitszeiten werden unwichtig. Sie verbringen ihre Zeit nicht damit, auf die Uhr zu starren. Früher bedeutete Autorität Muskeln. Das Ergebnis war die fatale Informationsgesellschaft, wie wir sie heute kennen. In ihr werden gespeicherte Informationen verarbeitet, zum Beispiel das, was wir als Wissen definieren; dies ist heute die Triebkraft von Autoritäten. Zukünftig wird das Herz Autorität und Erfolg bestimmen.

Aufbau eines ethischen Herzens – eine Priorität für die Vorstandsetage

Unternehmen im 21. Jahrhunderts sind Glashäuser, sowohl zerbrechlich als auch vor allem transparent – über Social-Media-Kanäle werden die innersten Aspekte eines Unternehmens für alle sichtbar. Was wir als unsere Privatsphäre bezeichnen, wird täglich kleiner. Rechne damit und verstehe, dass jeder daran interessiert ist, zu wissen, wie du arbeitest, mit welchen Partnern du kooperierst, wie es ist, für deine Firma zu arbeiten, und Ähnliches. Die Probleme anderer sind jetzt auch deine Probleme und sie können sich wie ein Waldbrand ausbreiten. Alle Unternehmen und Marken müssen heute ihr ethisches Herz definieren. Es sollten Leute in die Vorstände gewählt werden, die fragen »Sollen wir es tun?« statt »Können wir es tun?«. Jedes verborgene Geheimnis von Unternehmen wird heute letztendlich ans Licht kommen und viel größeren Schaden anrichten als der Versuch, Herausforderungen auf andere, schwierigere Weise zu bewältigen. Darum muss ein ethischer Ansatz für die Werte der Marke und des Unternehmens in der Vorstandsetage entwickelt werden.

Ein starkes Herz erwächst aus starken Menschen

Wie viele wertvolle Beziehungen kannst du in deinem Unternehmen aufbauen? Echte Verbindungen zu Menschen, die sich wirklich eine dauerhafte Zukunft mit dir gemeinsam vorstellen können? Genau in diesen Aspekt sollte die Zeit investiert werden, das ist mehr als sinnvoll.

Mach dir klar, dass du gute Menschen – nein: großartige Menschen – um dich brauchst; und vielleicht ist das bereits der Fall. Viele Manager haben Angst, bessere Leute als sich selbst einzustellen, weil sie befürchten, dass sie neben diesen neuen »Superstars« ersetzbar wirken könnten.

Großartige Führungskräfte und Unternehmerinnen tun das Gegenteil. Sie stellen entweder Menschen ein, die besser sind als sie selbst, oder sie bilden Menschen zu diesem Ziel aus. Weitere entscheidende Faktoren sind die Einstellung und die Bereitschaft der Menschen, mit denen du zusammenarbeitest. Ob Investorinnen oder Kunden, alle wollen mit guten Teams arbeiten, die über eine nachweisbare

Erfolgsbilanz verfügen; aber genauso wichtig ist, talentierte, aber noch nicht etablierte neue Mitarbeiter einzustellen, die nach Bestätigung streben. Alle in deinem Umfeld werden es zu schätzen wissen, dass du talentierte Menschen wertschätzt, einstellst und förderst, Menschen, die sich sehr freuen, Teil eines kooperativen Teams zu sein. Kurz gesagt, du musst bereit sein, auf deinen Thron zu verzichten. Dadurch wirst du unverzichtbar.

In der alten Welt wurde ständig zu denen »da oben« aufgeschaut und darum haben sich Menschen permanent an diese rangeworfen (eingeschleimt). Heute jedoch ist aufgrund der Art und Weise, wie wir (digital) kommunizieren, niemand der neue »Jemand«. Du solltest also überall deine Antennen ausfahren, deine »Saat« aussähen und Spuren hinterlassen – dann werden die Menschen dich finden.

Nimm dir darum etwas Zeit, um über diese drei Fragen nachzudenken:

- Wie hast du und wie hat dein Unternehmen in der Vergangenheit gearbeitet?
- Wie wird die Zukunft deines Unternehmens aussehen?
- Wie wird sich diese von der Vergangenheit unterscheiden?

18. DIE KRAFT DES MOMENTS

Es gibt keine Vergangenheit, es gibt keine Zukunft, wir haben nur das Jetzt – nun, zumindest das, was wir als bewusstes Jetzt definieren können, da der reale Moment aufgrund dessen, wie wir Sinneserfahrungen verarbeiten, und wegen der fehlenden klaren Definition dessen, was Bewusstsein wirklich ist, uns immer noch entweicht. Wir erfinden Geschichten, träumen und improvisieren unsere Zukunft und lassen uns von unserer Vergangenheit dahingehend beeinflussen, wie wir unsere Entscheidungen in der Gegenwart treffen. Ja, es wird eine Zukunft geben, aber sie ist nicht vordefiniert.

Wenn wir uns heute permanent und viel zu oft den »sozialen Medien« zuwenden, werden wir überhäuft mit Darstellungen, wie großartig alle Unternehmen vordergründig sind und wie perfekt das Leben aller anderen zu sein scheint. Aber keine Firma, kein Leben ist frei von Schmerz und Trauer, Streitereien und Herausforderungen. Wir können unsere ganze Energie darauf verwenden, so etwas zu vermeiden. Oder wir lernen, mit unserer Vergangenheit zu leben und mit unserer aktuellen Situation umzugehen. Wir können uns auch dafür belohnen, dass wir unsere Einstellung zum Besseren geändert haben, anstatt sinnlos Gefallen daran zu finden, der oder die Gleiche zu bleiben. Wenn wir uns im »kontinuierlichen Umsetzungsmodus« befinden und im anstrengenden, wettbewerbsorientierten Hamster-radwettlauf rotieren, schaffen wir uns viele unnötige Probleme selbst. Dies wird durch Narzissmus und eine Sucht nach dem, was wir als »social« definieren, angeheizt, indem wir fieberhaft Daumen-hoch (Likes), Smileys, Emojis und Followers sammeln und uns daran orientieren, was andere von uns halten. Wir denken nach über das, was gewesen ist, und überlegen, was kommen wird. Wir malen ein Bild unserer Zukunft, und sobald wir eine erste Aussicht auf möglichen Erfolg haben, kämpfen wir um Status und Anerkennung, die wir in den Medien angeboten bekommen oder in unserem eigenen Ego künstlich hergestellt haben.

Unser Verstand greift an dem vorbei, was wir tatsächlich beeinflussen können: das Jetzt. Die Herausforderung besteht darin, den Moment zu schätzen und zu respektieren; je mehr du dies tust, desto mehr lässt du Schmerz und Trauer hinter dir zurück; und nur so kannst du dich endlich vom Ego befreien.

Eines der berühmtesten Bücher zu diesem Thema wurde von einem der größten zeitgenössischen Denker und spirituellen Lehrer geschrieben, von Eckhart Tolle. In seinem Buch *Jetzt – die Kraft der Gegenwart. Ein Leitfaden zum spirituellen Erwachen* fordert Tolle uns auf, uns dieser Herausforderungen bewusst zu werden. In der Geschäftswelt ist Spiritualität immer noch kaum akzeptiert und vielleicht ist das auch nicht das übergeordnete Ziel. Spiritualität ist jedoch etwas Wesentliches, womit sich alle Führungskräfte, Manager, Unternehmerinnen und Menschen auseinandersetzen sollten. In einer Gesellschaft, in der wir darum kämpfen, unseren Sinn zu finden, und das Glück suchen, online wie in der physischen Welt, lehrt uns Tolle unsere individuelle Bedeutung. Tolle schreibt: »Du bist hier, um der göttlichen Absicht des Universums zur Entfaltung zu verhelfen. Ja, so wichtig bist du!« Er bietet eine ganze Welt der Möglichkeiten und Bedeutungen, in der wir einen vollständig bewussten Zustand erreichen und lernen können, den Moment, das Jetzt, zu genießen.

Dieser neue Bewusstseinszustand und eine erleuchtete Menschheit sind notwendige Heilmittel für die Folgen des rasanten Tempos des technologischen und wissenschaftlichen Fortschritts. Obwohl die Technologie uns bereits verändert zu haben scheint, stehen uns die größeren und tieferen Veränderungen unserer Spezies noch bevor. Leider befinden sich aufgrund der Komplexität dieser interdependenten Zeiten viele Menschen außerhalb der vernetzten Welt, sie sind außen vor geblieben. Ihnen werden wichtige Erkenntnisse und Perspektiven auf das Leben und unsere entlegene, globalisierte Welt verwehrt. Es ist die Verantwortung von Führungskräften, Organisationen – und letztlich jedem von uns –, Menschen zu unterstützen und ihnen wachsen zu helfen.

Ein weiteres Thema, mit dem wir uns beschäftigen müssen, ist der permanente Druck, etwas zu sein, etwas, das von anderen bewertet wird. Heute brauchen wir Einzigartigkeit und Unterscheidbarkeit, aber die wahre Erfahrung des Fortschritts liegt darin, ein authentisches Du zu finden. Es gibt kein besseres Du als dich selbst. Viele pflegen immer noch ihre religiösen Überzeugungen, doch bereiten uns Dogmen heute viele Probleme und eigentlich wissen wir doch längst, dass es keinen bärtigen Mann gibt, der am Himmel sitzt und dem wir kleine Nachrichten schicken können. Baruch (Benedikt) Spinoza, der bedeutende niederländische Philosoph, teilte uns das schon vor 350 Jahren mit und Nietzsche wiederholte es mit seinem Satz: »Gott ist tot.« Deine Zukunft ist das Ergebnis deiner bewussten Entscheidungen in diesem besonderen Moment, im Jetzt. Eine verlässliche psychische Option auf unserem Weg zu Erfolg und Glück ist, die Dinge hinter uns zu lassen, die uns runterziehen, unsere Energie aufzehren oder uns zurückhalten.

Wir erleben die Ablenkung und die Frustration, die daraus erwächst, nicht jeden Tag bewusst und präsent zu sein. Unsere Lebenspartner erinnern uns regelmäßig daran, dass wir nicht zuhören. Nur wenn wir achtsam sind und im Moment leben, können wir wirklich zuhören, Empathie empfinden und durch die Entwicklung bedeutsamer Beziehungen zu glaubwürdigen Leadern werden. Ob es nun darum geht, sich dem Moment hinzugeben, seinen analytischen Verstand und sein Ego hinter sich zu lassen, sein wahres Selbst zu umarmen, Empathie zu zeigen, Vertrauen zu erlangen oder authentisch zu sein – während wir Unsicherheit, Frustration und Angst verbannen –, Erfolg erfordert stets bewusstes Agieren.

Für viele sind diese Themen zu esoterisch, aber über einen klaren Geist zu verfügen ist grundlegend für alle Führungskräfte und Unternehmer im 21. Jahrhundert. Es geht nicht darum, ein spiritueller Lehrer zu sein, sondern als Leader und Mentorin zu wachsen und die Herausforderungen unserer Zeit zu meistern. Mit einem klaren Verstand und einem Fokus auf das Jetzt ist die notwendige Klarheit für das Strukturieren und Verstehen unserer Gedanken viel einfacher zu erreichen.

19. BEZIEHUNGEN & NETZWERKE

»Führung bedeutete einst, Muskeln zu haben, aber heute bedeutet es, mit Menschen auszukommen.«
Mahatma Gandhi

Zusammenarbeit ist der Schlüssel bei der Suche nach dem »Warum«, aber auch nach dem »Warum nicht«. Gemeinsam können wir Probleme lösen und die Welt zu einem besseren Ort machen. Heute wächst eine starke globale Interdependenz, wir sind alle miteinander verbunden und haben gemeinsam diese Welt geschaffen. Spürst du, wie verbunden wir sind? Kannst du es erkennen? Das ist eine Herausforderung, denn wir verstehen nicht wirklich, was diese Verbundenheit bedeutet oder wie sie sich auf uns auswirken wird: die Werte und Emotionen, die Ethik, die uns leiten wird. Die Geschwindigkeit der »Good Guys« im Vergleich zu der der »Bad Guys«, die alle Zugang zu den gleichen Möglichkeiten und Technologien haben. Es ist alles da. Du musst loslassen und akzeptieren, dass du jetzt ein »Wir« bist. Du bist ein Teil der Totalität, aber im täglichen Gespräch kannst du natürlich noch »Ich« sagen – die lebensnotwendige Selbstidentifikation, die dich wirklich einzigartig macht und von anderen unterscheidet; wir lassen sie nicht vollständig los beziehungsweise wir sollten uns zumindest nicht von ihr verabschieden. Das Individuum ist mehr oder weniger tot; die jungen Menschen sind heute zwei Individuen in einem – sie sind Di-viduen, die in der vernetzten Gesellschaft eine primäre Rolle spielen und gleichzeitig Beziehungen und Kulturen der Partizipation und Ko-Kreation in ihrer sekundären physischen Welt nutzen. Also: ab auf den Schrotthaufen der Geschichte mit dem »Individualismus«.

Individualismus ist tot

Eine kundenorientierte Ausrichtung (was beispielsweise für die Menschen das Beste ist) bleibt das schwer fassbare Ziel, auf das wir alles konzentrieren müssen. Dies wird aber umständlicher, wenn wir uns von komplexen Individuen zu einfacheren, vernetzten Dividuen entwickeln. Wir alle kennen unsere inneren narzisstischen Stimmen, die nach Wegen suchen, uns selbst zu promoten – aber da heute jeder das Rampenlicht des Internets betritt, nimmt die Komplexität und Frustration zu und bringt uns dazu, einfachere Wege zu suchen, um unser Leben zu organisieren. Wir können nicht den ganzen Tag damit verbringen, die Bilder von anderen zu liken, um mehr Follower zu gewinnen. Unser Fokus muss auf das gerichtet sein, was wir gemeinsam als Gruppe erschaffen können, wo wir als Menschen zu einfachen Legosteinen werden, die ein Meisterwerk bilden. Mit dem Aufstieg von Social Media haben wir Wege gefunden, unser Ego durch Technologie übermäßig aufzuladen. Jeder bekommt eine eigene Bühne und kann quasi und theoretisch über Nacht in aller Welt berühmt werden. Die Kosten für die Veröffentlichung von Gedanken im Internet betragen null. Wenn jedoch alle auf der Bühne stehen, sitzt niemand mehr im Saal und hört zu. Auch heute benötigen wir die Fähigkeit, andere Menschen zu »überzeugen« und zu »liefern«. Auch heute müssen wir »pitchen«. Die Informationen müssen einzigartig und für eine bestimmte Person oder ein bestimmtes Publikum relevant sein. Wir müssen »Ethos«, »Pathos« und »Logos« beherrschen. Es geht aber heute stärker noch um Netzwerke. Das wirkliche Netzwerk ist eingedampft auf die simple Wahrheit von echten Beziehungen zwischen Menschen, die außergewöhnliche Inhalte präsentieren und dadurch zusammen großartige Leistungen erbringen.

In den kommenden Jahren werden wir lernen, Einzigartigkeit über die Selfie-Kultur hinaus zu schätzen, die wir heute feiern. Wir haben den schnellen Aufstieg und Untergang von MySpace miterlebt, wo alle Künstler die Möglichkeit hatten, zu Stars der Musikindustrie zu werden. Mit jeder neuen Technologie entstehen frühe Treiber und Innovatorinnen, die sich auf der neuen Bühne breitmachen, ihren Platz finden und zu Experten werden. Über Nacht entstehen großen Communities, die hunderttausend oder sogar Millionen von Menschen miteinander verbinden. Sie verfügen über die einfachste Form der Macht: ein Netzwerk. Wenn du (noch) keines hast, findest du trotzdem Möglichkeiten, ein Publikum zu gewinnen. Worin bist du gut? Bei welchen Themen werden andere Leute dir zuhören? Wie kannst du deine Botschaft schärfen, vereinfachen und einzigartig machen? Das Konzept von MySpace sieht man heute in ausgereifterer Form bei Instagram oder Tik-Tok. Täglich verbringen 100 Millionen Menschen unzählige Stunden damit, ihre »Werke« zu bearbeiten, mit neuen Filtern, Untertiteln, Texten zu versehen wie zum Beispiel »Nur eine schnelle Momentaufnahme von mir selbst« oder Ähnliches. Die traurige Wahrheit ist jedoch, dass die meisten dieser Bilder nie angesehen werden, beziehungsweise sie fallen nur Menschen auf und werden von ihnen geliket, die das Gleiche im Gegenzug erwarten, in anderen Worten: »Wenn du mein Bild likest, like ich auch deins.« Kolleginnen und Kollegen rufen die Apps auf, wenn sie sich in den Business-Lounges der Flughäfen befinden, machen Selfies, laden perfekte Food-Bilder hoch oder fotografieren ihren »perfekten Urlaub« in ihrem »perfekten Leben«. In zehn Jahren werden wir über dieses Verhalten – über unsere bemitleidenswerte »Social-Selfie-Gesellschaft« – lachen, wenn wir beginnen, eine sinnvolle neue Basis für Social Media zu errichten.

Wir alle tragen Verantwortung

Die mit ihrem Netzwerk verbundene Person hält den Schlüssel zum Erfolg in Händen. Sich für den Dialog und die soziale Vernetzung zu entscheiden hilft, Vertrauen aufzubauen und echte, dauerhafte Beziehungen zu pflegen. Der Individualismus ist tot und wir erleben die letzten Nachbeben seiner Auswirkungen auf unsere Gesellschaft.

Wir haben dies in letzter Zeit beim Islamischen Staat, bei dem großen Publikum, das Donald Trump anfeuert, und bei anderen extremen politischen Bewegungen erlebt. Deren Anhänger sind sich der tatsächlichen Auswirkungen und Herausforderungen von Technologie und Globalisierung nicht bewusst. Dogmatismus verhindert echte Veränderungen. Viele Menschen sind heute empfänglich und offen für Einzelpersonen und Gruppen, die eine Art Status und soziale Einbindung versprechen. Um damit umzugehen, brauchen wir einen neuen Ansatz – eine Revolution, wenn man so will. Anstatt sich an veralteten Modellen zu orientieren, die Vergangenheit zu studieren und die immer gleichen Bücher zu lesen, die schon seit 150 Jahren konsumiert werden, muss unser System auf Werte, Vertrauen, Respekt, Empathie und Emotionen ausgerichtet werden. Unsere Gesellschaft muss den Kindern soziale Fähigkeiten vermitteln in einer Welt, in welcher der physische Raum den virtuellen Weiten des Internets untergeordnet ist. Wir tragen außerdem die Verantwortung, infrage zu stellen, was uns gesagt wird. Heute übersteigt der Druck, durch die Maximierung von Klicks und Views Geld zu verdienen, den Wert von Informationen selbst. Und das wertet den Einfluss von Informationen auf die Gesellschaft ab.

Der technologische Vormarsch hat die Menschheit längst hinter sich gelassen, wir entwickeln uns einfach zu langsam, um Schritt zu halten. Wenn wir jedoch innerhalb dieses Konstrukts arbeiten wollen, müssen Organisationen und ihre Führungskräfte verstehen, dass Produktivität, Glück und Erfolg aus einer bewussten

Art zu leben und Business zu betreiben resultieren. Das Fundament dafür ist eine starke, grundlegend wertebasierte Struktur, mit der wir die Technologie irgendwie »zähmen« können, um sicherzustellen, dass der Mensch nicht zurückbleibt. Und wir wollen natürlich nicht, dass die zügellose Technologie die Menschheit vollständig vernichtet. Führungskräfte müssen heute die Art und Weise, wie das Unternehmen atmet und fühlt, verbinden mit der Leidenschaft, die Kernvision unermüdlich zu verfolgen. Vor allem sollte es einen Werterahmen geben, der auf Empathie und Vertrauen aufbaut, sich der Verletzlichkeit öffnet und die Scham hinter sich lässt. Auf diese Weise können Leader und Unternehmen Kreativität, Fortschritt, Produktivität, Effizienz und Glück genießen. Das Gute ist, dass wir eigentlich bereits auf dem richtigen Weg sind und nach und nach immer besser werden. Jetzt brauchen wir nur noch mehr Fokussierung und Geschwindigkeit bei diesem Wandel.

Mit dem Ende der »Social-Selfie-Gesellschaft« und der Auflösung des Individualismus werden wir gemeinsam – als Gesellschaft – all die kleinen Napoleons und halbnackten Putins langsam entthronen. Organisationen mit patriarchalischen Strukturen – jedes Krankenhaus mit seinen selbst ernannten Halbgöttern, »Ärzte« genannt – werden umgekrempelt. Die Bosse in ihren Eckbüros mit Glastüren, die selbstherrlich mit der Faust auf den Tisch schlagen, werden schnell verschwinden, wenn wir aufhören, ihnen zuzuhören. Wenn wir anfangen, die Mannschaft und die Gruppe statt den Einzelnen kultisch zu verehren, wird dies vielleicht auch Auswirkungen darauf haben, wie wir Rockstars und prominente Fußballspieler ansehen.

Wir nähern uns partizipativen Kulturen und einer Gesellschaft, in der Ko-Kreation und Zusammenarbeit die einzig wahre Formel für Erfolg sind. Damit einher gehen große Veränderungen für Unternehmen und Organisationen aller Art. Es geht nicht mehr um das »Ich«, es geht um das »Wir«. Ein Puzzleteil oder ein Legostein zu sein bedeutet, Teil eines größeren Ganzen zu sein.

Gandhi wählte gewaltfreie Wege, um seine Ziele zu erreichen, er sah den menschlichen Geist als unendlich mächtiger an als die tödlichsten aller Waffen. Digitale Netzwerke und die Technologien, die sie ermöglichen, sind leistungsfähiger geworden als eine Handfeuerwaffe oder ein riesiges Ego. Erfolgreiche Führungskräfte und ihre Organisation verstehen, was es bedeutet, voneinander abhängig und vernetzt zu sein. Die besten Leader werden erkennen, dass Merkmale wie Charakter, Integrität und die Fähigkeit, für andere zu sorgen und sich mit ihnen zu verbinden, die Mitarbeiter beeinflussen. So wie Stephen R. Covey es uns mit seinen *7 Wegen zur Effektivität* erklärt hat, müssen wir die Win-win-Mentalität verkörpern. Diese Haltung wird dazu beitragen, solide Beziehungen aufzubauen, gegenseitiges Vertrauen zu fördern und langfristige Vorteile für alle Beteiligten zu schaffen. Schließlich sind Kollektive in der Lage, das zu erreichen, was ein einzelnes Individuum, das sich isoliert abmüht, einfach nicht kann.

Eine Bemerkung zu »Social Media«

Mit dem Einzug der allgegenwärtigen digitalen Kanäle in unser Leben können wir heute Marken im öffentlichen Raum bewerten, vergleichen, beschämen, beschimpfen, verurteilen und feiern. Das macht vielen Unternehmern Angst. Sie misstrauen dieser Transparenz; sie erkennen nicht, welche positiven Auswirkungen diese Kanäle haben können. Aber starke Leader wissen diese Kanäle einfühlsam für sich, das Unternehmen und die Marke zu nutzen. Sie können als Forum dienen, in dem wir unsere Masken abnehmen und unser menschliches Gesicht zeigen. Sie bieten Raum für den Dialog, für die Vermittlung authentischer menschlicher Botschaften. Unternehmen, die verstehen, dass Social-Media-Kanäle Plattformen für Empathie sind, positionieren sich für den Erfolg. Dies muss von der Spitze ausgehen und die gesamte Organisation erfassen. Wie bereits erwähnt, sind die »sozialen Medien« heute auf Narzissmus aufgebaut und alles andere als sozial. Im Laufe unserer Entwicklung werden wir (hoffentlich) erkennen, dass wir Wege finden müssen, um offene Diskussionen und Meinungsänderungen zu belohnen, sodass wir wirklich soziale Plattformen erschaffen. Was die Medien betrifft, so strebt das kapitalistische Modell nach Klicks und Marktanteilen und fördert so nur extreme und schnelle Meinungen, was ganz eindeutig im Widerspruch zu »sozial« steht. Heute können wir CEOs der größten Konzerne beobachten, die sich persönlich mit den Social Media Accounts ihrer Unternehmen beschäftigen – das ist ein guter Anfang.

Wenn sie ehrlich und offen agieren und den Weg weisen, sind wir vielleicht einer Sache auf der Spur, die auch unsere Wirtschaft weiterentwickelt.

Pass genau auf, ich schreibe das nur ein Mal

In der Geschäftswelt fallen mir immer noch viele Manager auf, die nichts anderes tun als reden, reden, reden, reden. Die Meetings beginnen mit den Ansichten des CEO zu allem. Die Mitarbeiterinnen und Mitarbeiter schweifen gedanklich ab, klinken sich aus und fühlen sich am Ende verloren und hilflos. Dennoch redet der Chef immer weiter. Wir leben heute in einer Action-and-Attention-Wirtschaft. Alles, was wir tun, ist, die Zeit anderer zu verbrauchen – in einer Welt, in der die Aufmerksamkeitsspanne eines Goldfisches größer ist als die eines Menschen. Das ist wahr! Laut *statisticbrain.com* zeigen aktuelle Studien, dass wir im Jahr 2000 in der Lage waren, unsere Aufmerksamkeit für 12 Sekunden zu bündeln, 2015 waren es jedoch nur noch 8,25 Sekunden. Die Aufmerksamkeitsspanne des bescheidenen Goldfisches ist währenddessen mit 9 Sekunden konstant geblieben.

Ein echter Leader praktiziert »Giraffensprache«, ein Konzept, das auch als mitfühlende Kommunikation bekannt ist. Die Giraffensprache hilft uns, aus dem Herzen zu sprechen, das zu thematisieren, was gerade passiert, ohne andere zu verurteilen. Die Giraffe hat das größte Herz aller Landtiere und sie hat zwei wirklich große Ohren, was uns sagt, dass wir doppelt so viel zuhören sollten als sprechen (da wir mit zwei Ohren, aber nur einem Mund ausgestattet sind). Der lange Hals der Giraffe symbolisiert den Abstand zwischen Kopf, Mund, Ohren und Herz. Wir wissen, dass ein Bauchgefühl sowohl aus dem Geist als auch aus dem Herzen gespeist wird. Metaphorisch gesehen gibt ein langer Hals also noch einmal Zeit, nachzudenken, statt reflexartig zu reagieren. Das Problem ist, dass wir dazu neigen, zuzuhören, um zu antworten, und nicht, um zu verstehen. Das ist etwas, worüber wir alle nachdenken sollten, wenn wir das nächste Mal vorschnell urteilen und aus der Hüfte schießen wollen.

Eine echte Leaderin nimmt sich Zeit, die Anliegen ihres Teams anzuhören – die Ansichten, Ideen, Wünsche, Bedürfnisse und Probleme der Mitglieder. Baue dir einen Ruf als gute Zuhörerin auf. Als Führungskraft wirst du erstaunt sein, wie einflussreich das Zuhören sein kann (in Gegensatz zum unaufhörlichen Reden, Reden, Reden, Reden, Reden, Reden). In unserer »ach so komplexen Welt« liegen die Antworten manchmal direkt vor uns, die wir allein durch gutes Zuhören und ein wenig mehr Bewusstsein sofort erkennen können.

Betrachten wir nun, was ich unter »den drei zentralen Leadership Skills« verstehe.

20. EMPATHIE, SELBSTERKENNTNIS & VERLETZLICHKEIT

Es gibt verschiedene Modelle zur Messung der Persönlichkeit, die alle auf bestimmte Faktoren oder Merkmale fokussieren, die jeder erlernen sollte. Mir sind »die drei zentralen Leadership Skills« wichtig. Sie sind die Grundlage für Wachstum und Fortschritt – als Individuum, im Privatleben und als Führungskraft im Unternehmen.

1. Empathie

Empathie ist wahrscheinlich die wichtigste Eigenschaft in der Führungs-Toolbox. Ich witzele oft, dass Frauen damit geboren werden, während Männer auf Wikipedia nachschlagen müssen, was es bedeutet. Auf welche Weise auch immer sie erworben wird, Empathie muss gespürt, verstanden und geübt werden. Diejenigen, denen es gelingt, das Potenzial der Empathie zu nutzen, sind die Gewinner des Lebens. Aber wo fangen wir an?

Empathie (Einfühlungsvermögen) ist eine schwer zu beherrschende Fähigkeit und sie erfordert Übung. Das Training von Empathie eröffnet Potenziale für außergewöhnliche Ergebnisse, Fortschritt und Wachstum. Jedoch nicht nur Führungskräfte sollten sich darauf konzentrieren; Empathie sollte Priorität für alle in der Organisation haben.

Es handelt sich um eine ausgesprochen menschliche Fähigkeit. Mit Empathie sind wir in der Lage, die Bedürfnisse anderer Menschen zu verstehen, uns in die Situationen und Schwierigkeiten anderer hineinzuversetzen und nachzuempfinden, wie wir fühlten, wenn wir diese Situation erlebten. Dennoch ist es wichtig, den Unterschied zwischen Empathie und Sympathie zu verstehen und nicht das eine mit dem anderen zu verwechseln. Mit Empathie kannst du fühlen, was jemand anders durchmacht; du spürst es und kannst die notwendige Unterstützung anbieten. Empathie ist die Fähigkeit, die Gefühle anderer Menschen zu verstehen und mit ihnen in Beziehung zu treten, als wären sie deine eigenen. Wenn eine Führungskraft die Bedürfnisse ihrer Mitarbeiter spüren kann, wird ihre Anerkennung und Aufmerksamkeit die Produktivität, die Kooperation und schließlich Glück und Effizienz steigern.

Sympathie hingegen beruht auf Übereinstimmung. Sie ist kein aktiver Akt, sondern ein spontanes Gefühl von Gemeinsamkeit, das keine tiefere Einfühlung erfordert.

In unserer heutigen Gesellschaft können wir eine stärker werdende Bewegung beobachten, die ein tieferes Verständnis betont, eines, das weiter reicht als das, was wir unter Empathie verstehen. Diese tiefere Empfindung ist Mitgefühl (compassion). Der 14. Dalai Lama, Tenzin Gyatso, erklärte, der Kapitalismus funktioniere durchaus, er brauche nur Mitgefühl (compassion). Mitgefühl geht über Empathie (Einfühlungsvermögen) hinaus – es ist ein Gefühl unter Gleichen, kein abstraktes Mitleid für die Verwundeten und Mittellosen. Um die Dunkelheit eines anderen zu spüren, musst du deine eigene Dunkelheit kennen. Die Menschheit hat allerdings noch einen langen Weg vor sich, um Mitgefühl zu erreichen, falls das überhaupt das Ziel ist. Das Mitgefühl, das wir erleben, bestimmt, ob und wie wir in der Lage sind, mit jemand anderem zu fühlen. Wir alle tragen unser Päckchen, Freude wie Trauer, Erregung wie Schmerz. Nur wenn andere Menschen das fühlen können – nur wenn wir es entwickeln können –, entstehen wirkliche Verbindungen. In der Wirtschaft führt dies zu einem höheren Maß an Vertrauen und schafft Raum für Kreation, Fortschritt, Veränderung und für das, was wir Innovation nennen oder das Kreieren dank der Freiheit, Fehler machen und korrigieren zu können, durch Versagen und Neustart.

Ich denke, wir tun gut daran, unser Mitgefühl zu zeigen und gleichzeitig zu akzeptieren, dass wir »fehltastische« Wesen sind – dass wir in der Lage sind, zu sagen, dass wir nicht alle Antworten haben, und zwar laut und ohne Angst.

Im Jahr 2015 analysierte die Interessengruppe Lady Geek – eine Vereinigung, die sich dafür einsetzt, Technologie besser zugänglich zu machen – die interne Kultur, die Leistung der CEOs, die Ethik und die Präsenz in den sozialen Medien von verschiedenen namhaften Unternehmen. Der Global Empathy Index der Gruppe misst die »Corporate Empathy« und definiert Führungskompetenzen. Am besten schnitt Microsoft ab, gefolgt von Facebook, Tesla und Alphabet (Google). Dies zeigt deutlich, dass Empathie bei jungen (Technologie-)Unternehmen einen hohen Stellenwert hat, während sich große, alte, hierarchische

Unternehmen in einer tiefen Krise befinden. Lady Geek identifizierte mehrere Kriterien, wie erfolgreiche Unternehmen Empathie umsetzen.

Empathische Unternehmen …

1. … leben Wertschätzung und Fürsorge für ihre Kulturen;
2. … gewinnen junge Talente durch Innovation und Kreativität sowie durch eine hohe Akzeptanz von Misserfolgen;
3. … feiern ihren CEO (ohne dass dies vom CEO eingefordert wird);
4. … bestehen auf Transparenz;
5. … erzählen die Hintergrundgeschichte ihrer Marke (wo sie herkommt und was die Firma durchgemacht hat);
6. … hören auch das, was zwischen den Zeilen mitgeteilt wird (nutzen Social Media einfühlsam und verstehen, dass hinter den Avataren Menschen stecken);
7. … hören auf die »Hater«;
8. … haben Ethik zur Priorität der Vorstandsetage gemacht.

Die Rolle eines Leaders besteht darin, stabile Beziehungen aufzubauen, indem er empathisch auf andere eingeht und ihre persönlichen Paradigmen versteht. Auf diese Weise kann die Führungskraft ihnen helfen, Ziele zu erreichen, und in diese investieren. Das ist keine Fähigkeit, die leicht zu beherrschen ist; wird sie jedoch richtig angewendet, hat sie das Potenzial, die Geschäftsergebnisse exponentiell zu steigern. Empathie kann und muss trainiert werden. Es ist wichtig, sich ein definiertes Ziel zu setzen und darauf hinzuarbeiten, sich durch die Umsetzung von vielen kleineren Initiativen diesem Ziel anzunähern. Auf dem Weg werden sich bedeutende Veränderungen zeigen. Entscheidend ist, damit zu beginnen, Empathie auf etwas Einfaches und Handhabbares herunterzubrechen. Viele kleine Schritte führen schließlich zu richtig großen Dingen. Dank Empathie – wie eigentlich überall im Business – sind die kleinen Dinge die großen Dinge. Du entscheidest selbst, wie du auf Beschwerden reagierst, und spürst die Story des Unternehmens jeden Tag bewusst. Diese Sensibilität und tieferes Bewusstsein für die kleinen Dinge kann größere Veränderungen im gesamten Unternehmen bewirken. Empathie ist etwas, das vom gesamten Team priorisiert und angenommen werden muss. Jeder sollte verstehen, dass Empathie nicht einfach zu den »Soft Skills« zählt, sondern eine essenzielle Qualität des 21. Jahrhunderts ist; eine Qualität, die über ein erhebliches kommerzielles Potenzial verfügt und einer der Schlüssel zum Verständnis wahrer Führung ist. Ich wiederhole das:

Empathie zählt nicht einfach zu den »Soft Skills«, sondern ist eine essenzielle Qualität des 21. Jahrhunderts; eine Qualität, die über ein erhebliches kommerzielles Potenzial verfügt und einer der Schlüssel zum Verständnis wahrer Führung ist.

Soft Skills sind die eigentlichen Hard Skills.

2. Selbsterkenntnis

Zusätzlich zur Empathie müssen Führungskräfte zu einem besseren Verständnis von sich selbst gelangen. Sie müssen ein höheres Bewusstsein und Aufmerksamkeit entwickeln für ihre eigenen Fehler und Unzulänglichkeiten. Ein guter Leader im 21. Jahrhundert konzentriert sich auf die Bedürfnisse anderer, sucht und ist offen für Feedback wie Kritik und gibt zu, dass er nicht perfekt ist. Der CEO (oder Gründer) eines Unternehmens repräsentiert seine Vision und ist entscheidend für den Erfolg des Unternehmens. Wenn auch umstritten, so ist doch der visionäre Erfinder und Wirtschaftsmagnat Elon Musk ein Paradebeispiel dafür. Musk zeigt sowohl Demut als auch Tatkraft und er hält an seinem Engagement fest, um etwas zu bewirken und die Welt zu verändern. Manche narzisstischen Führungskräfte mögen durchaus Anhänger finden, aber Leader, die demütig und bodenständig bleiben, sind diejenigen, die weithin geliebt und gefeiert werden. Einfach ausgedrückt: Menschen folgen Menschen, die sie mögen.

Wir stecken zumeist in unserer eigenen kleinen Welt des Stolzes und der Selbstbeherrschung fest, aber ein guter Leader ist das absolute Gegenteil. Eines der Hauptprobleme von Autoritäten ist ihre Selbstwahrnehmung. Manager und andere, die hierarchische Strukturen hinaufklettern, scheinen davon betroffen zu sein. Je »höher« jemand in der Hierarchie angesiedelt ist, umso ausgeprägter das Problem. Niemand hat Zeit, um sich selbst zu hinterfragen und die eigenen Mängel wie Stärken besser zu verstehen. Nur sehr wenige Führungskräfte wissen, wie sie wirklich auf andere Menschen wirken. Wir stecken viel Energie in umfangreiche Finanzprüfungen, nehmen uns aber keine Zeit für eine Selbstauditierung. Hilfreich ist, einen vertrauenswürdigen Partner zu finden, der einem den Spiegel vorhält. Wir sollten mindestens ein- bis zweimal im Jahr ein Selbstaudit durchführen und uns nicht nur auf das Finanzaudit konzentrieren.

Ein guter Leader versteht auch das Konzept der Erdung – oder »Bodenständigkeit«. 1955 sprach der deutsche Philosoph Martin Heidegger in seiner berühmten Rede zum Thema »Gelassenheit« über das menschliche Verständnis von Technik und wie wir mit ihr umgehen. Auf einer tieferen Ebene zeigte Heidegger, dass Führung auf dem Konzept des Bodenständigen aufbaut. Vereinfacht ausgedrückt: Der Kern der authentischen Demut sind Verwurzelung und Bescheidenheit. Essenzielle Lehren aus den Erkenntnissen früherer Denker zu ziehen und das wahre Wesen dieser manchmal »unübersetzbaren« Worte zu verstehen, ist der Schlüssel zur Entwicklung einer praktischen Philosophie für das heutige Leben. Wie können wir uns unserer eigenen Bodenständigkeit bewusst werden – und können diese komplexen Begriffe und Werte der Vergangenheit heute noch relevant sein und als neue Kunstform sowie als Basis für den Fortschritt im 21. Jahrhundert übernommen werden? Kann Philosophie wieder »Rock 'n' Roll« und sexy werden?

Gehen wir 2.600 Jahre zurück bis zu Thales von Milet: gnothi seauton – »Erkenne dich selbst«, diese Weisheit wird ihm zugeschrieben. Wir benötigen also alle eine regelmäßige Selbstanalyse (ein Audit), um unsere eigenen Stärken und Schwächen besser zu erkennen. Es gibt nicht das eine Selbst, das wir finden können; das lehrt uns nicht nur die Philosophie, sondern wird auch durch die Wissenschaften und die Psychoanalyse belegt. Doch wir nehmen verschiedene Rollen ein – und die besser zu verstehen, sie durch Selbstreflexion zu durchdringen und durch Beobachtung ein höheres Verständnis von ihnen zu gewinnen: Darum geht es. Oder anders gesagt: sich selbst permanent mehr auf die Schliche kommen.

>»Ich bin überzeugt, dass es kein wesentliches Werk des Geistes gibt, das nicht seine Wurzel in einer ursprünglichen Bodenständigkeit hat.«*
Martin Heidegger

3. Verletzlichkeit

Zweifel, Scham und Angst treiben Manager, Unternehmerinnen und Führungskräfte in Positionen, in denen sie das Gefühl haben, kämpfen zu müssen. Als Führungskraft musst du stark sein, denkst du. Du bist fest davon überzeugt, dass du alles wissen musst und keine Anzeichen von Schwäche zeigen darfst. Aber in Wirklichkeit ist das falsch. Verwundbarkeit ist die Wiege von Kreativität und Innovation und öffnet Türen zu magischen Orten des Vertrauens und der Ehrlichkeit sowie zu starken Beziehungen.

Empathie und eine wachsende Selbstwahrnehmung sind Teil der magischen Formel, aber sie können nicht ohne Verletzlichkeit existieren. Verwundbarkeit ist von zentraler Bedeutung für ein glückliches Leben und bildet die Grundlage für Vertrauen und starke Führung. Es ist heutzutage unmöglich, die Wahrheit vor der Öffentlichkeit zu verbergen, also setze auf Ehrlichkeit und umarme die transparente Welt. Nutze das Potenzial der Gefühle und auch der Schmerzen, die du spürst, wenn du dich öffnest.

Wir sollten anerkennen, dass wir mithilfe von Google, Facebook, der von uns entwickelten Technologien sowie dank Edward Snowden einen weiten Weg zurückgelegt haben. Jetzt sind wir an einem Punkt, an dem wir einfach aufhören müssen zu lügen. In der Geschäftswelt ist ein Leben in Wahrheit besonders in schwierigen Situationen eine Herausforderung. Aber gerade in stürmischen Zeiten ist es noch wichtiger, die Wahrheit zu sagen. Die Wahrheit schafft Vertrauen, Glaubwürdigkeit und positive Reputation. Kurz gesagt: Du brauchst Menschen, die dir vertrauen. Wenn du unter schwierigen Umständen ehrlich bist, obwohl es wehtut, dann wachsen starke, dauerhafte Beziehungen. Sobald die Menschen dir vertrauen, werden sie hinter dir stehen, und zwar in jeder Situation. Das gilt für die Arbeitswelt wie fürs Privatleben, aber dafür muss man es akzeptieren, verwundbar zu sein.

Der erste Schritt ist Transparenz. Selbst traditionelle Unternehmen mit tollen Produkten und Dienstleistungen haben Schwierigkeiten, transparent zu sein. Die Kontrolle aufzugeben oder Einblicke zu gewähren ist mit Schmerzen verbunden. Wir halten uns instinktiv bedeckt, besonders wenn schlechte Dinge passieren, legen dann möglichst wenig offen. Starke, erfolgreiche Unternehmen trotzen diesem Instinkt, indem sie in guten Zeiten offen kommunizieren und Probleme proaktiv aufdecken, bevor sie außer Kontrolle geraten. Sie bewältigen potenzielle Erdbeben und vermeiden sogar Schäden durch Nachbeben. In erfolgreichen Unternehmen ist es in Ordnung, dass Menschen sich diesen Herausforderungen stellen. Das Problem ist, dass wir es nicht gewohnt sind, verwundbar zu sein; als Leader glauben wir, verletzlich zu sein ist dasselbe wie schwach zu sein. Uns wurde beigebracht, dass der Chef stark sein muss und unter keinen Umständen Fehler oder Schwächen aufweisen darf. Aber das funktioniert nicht in Zeiten von Ko-Kreation, permanenter Revolution, Beziehungsaufbau und Wandel. Im Gegenteil: Es sind die magischen Worte »Ich weiß es nicht«, die eine neue starke Beziehung ermöglichen.

Geheimniskrämerei und der Versuch, ein perfektes Bild nach außen abzugeben, können einen Ruf schädigen und Spannungen zwischen der Fassade und der tatsächlichen Situation bedingen. Unangenehme Wahrheiten zu verbergen oder ein »Facelifting« vorzunehmen ist wie der Versuch, einen Vulkan zu verstecken. Erfolgreiche Unternehmen stellen sich öffentlich ihren Problemen und kommunizieren offen deren Ursachen – gerade und besonders, wenn nicht vorhersehbar ist, wie die Wahrheit aufgenommen werden wird.

Erfolgreiche Unternehmen gehen davon aus, dass der Kunde mit der Wahrheit umgehen kann und dass die Wirtschaft Offenheit und Transparenz belohnt. Das ist nicht nur die Formel für den Umgang mit Kunden und

Medien, sondern gilt auch für die interne Kommunikation: Transparenz schafft eine starke Unternehmenskultur, eine Kultur, die auf Wahrheit und Ehrlichkeit basiert.

In letzter Zeit mussten wir jedoch oft miterleben, wie im Banken-, Investment- und Automobilsektor Skandale und Betrug verschleiert wurden. In fast all diesen Fällen haben Vorstand und Management versucht, alles in ihrer Macht Stehende zu tun, um die Wahrheit zu verbergen. Doch in der heutigen Welt ist Vertuschung nicht mehr möglich. Die Wahrheit kommt ans Licht und die Folgen können ziemlich böse sein. Der Versuch, Kunden zu manipulieren oder etwas vor ihnen zu verstecken, funktioniert vielleicht kurzfristig, aber auf längere Sicht kommt alles ans Licht mit tief greifenden Auswirkungen. Transparenz ist nicht einfach und leicht herzustellen, eher ist es wirklich verdammt schwer. Aber ein wirklicher Leader darf sich nicht bedeckt halten und muss das Potenzial ausloten, das in der Verletzlichkeit für die gesamte Organisation liegt.

Eine letzte Binsenweisheit: Menschen, welche die Wahrheit sagen, haben einen einfachen Vorteil. Sie müssen sich nicht merken, was sie gesagt haben, und verstricken sich nicht in Widersprüche, wenn sie versuchen, ihre fragwürdigen Storys glaubhaft zu machen. Das kann sehr kraftraubend sein. Diese Energie lässt sich woanders besser einsetzen.

Also, kurz gesagt: Lerne, die Realität zu akzeptieren, hör auf zu lügen und strebe immer nach Ehrlichkeit, auch wenn du dich dafür wahren Gefühlen und Schmerzen öffnen musst und dich verletzlich machst.

21. LEBEN (LIEBEN) ODER LASSEN

Niemand kann ständig die gleiche Leidenschaft und Konzentration an den Tag legen. Aber wir können unser Bewusstsein trainieren. Sokrates hat nachts gesungen. Er pflegte die »Kunst des Lebens« und verstand es, Freude und Verspieltheit zu genießen. Stell dir vor, du wachst morgen auf und sollst dein Leben beschreiben. Ich vermute, alles, was ich sagen würde, wäre, dass es sich anders entwickelt hat, als ich mir vorgestellt habe. Vor 100 Jahren war unser Leben berechenbarer: Wir arbeiteten für unsere Familie und das Leben der Menschen verlief linearer – alles in allem war es wohl stabiler. Doch dann begannen wir, mit der Technologie zu spielen, und übersprangen Grenzen, wodurch sich das Tempo der Urbanisierung und der Globalisierung beschleunigte.

Das Leben basiert also demnach auf Serendipität. Wirklich? Wenn wir uns das genau anschauen, müssen wir zumindest zugeben, dass nicht alles so geplant und kontrolliert ist, wie wir manchmal denken. Wie viele Tage führst du das Leben, das du dir gewünscht oder geplant hast? Schreibe auf, was im Laufe des kommenden Jahres passieren soll, oder fang mit deinen Hoffnungen für die kommende Woche an. Was findest du? Was brauchst du, um dir ein klares Bild von dir selbst und deinem Leben zu machen? Eigentlich ist es ganz einfach, wirklich. Du musst es einfach tun. Male das Bild des Lebens, das du gern hättest, denn du hast die Macht, deine Realität so zu gestalten, wie sie dir vorschwebt. Unser Gestaltungsspielraum für unsere Realität ist größer, als wir uns zutrauen – und hinzu kommen die forcierten Zufälle auf unserer Reise.

Motivationsredner und alle Vorträge auf Start-up-Konferenzen lehren dich, die Liebe zu spüren: Du musst lieben, was du tust. Andernfalls, so sagt man uns, kannst du es genauso gut lassen. Wie Steve Jobs in seiner berühmten Rede vor den Absolventen in Stanford sagte: »Der einzige Weg, großartige Arbeit zu leisten, besteht darin, zu lieben, was man tut. Hast du das noch nicht gefunden, dann suche weiter, lass nicht locker.« Wir verstehen aber oft falsch, was Jobs damit meinte. »Suche weiter«, sagte Jobs. »Du verdienst dein Geld damit, andere Menschen zu motivieren, und du bist gut darin und letztendlich lebst du es nicht nur, sondern liebst es auch. Ihr seid die Träume und Hoffnungen und eure Leidenschaft ist das Morgen (z. B. Start-ups) oder ihr seid ein Riese mit all der Erfahrung, die ihr gemacht habt.«

Ich glaube nicht, dass das Finden der Liebe die Voraussetzung dafür ist, ein Unternehmen zu gründen oder sich eine erfüllende Karriere aufzubauen, geschweige denn eine großartige Arbeit zu leisten. Tatsächlich denke ich, dass es unaufrichtig ist, wenn wirklich erfolgreiche Menschen so viel Gewicht auf die Liebe legen, wie es auch irreführend ist, wenn reiche Menschen sagen, dass Geld keine Rolle spiele. Menschen neigen dazu, ihre eigenen Motivationen und

Storys zu romantisieren. Sie wertschätzen, was ihnen *jetzt* wichtig ist, und vergessen, was ihnen wichtig *war*, als sie anfingen. Das liegt in der menschlichen Natur; diese Neuschreibung unserer persönlichen Entwicklungsgeschichten ist etwas, worin wir sehr gut sind.

Viele Innovationen (und große Unternehmen) entstehen überhaupt nicht aus Liebe, sondern im Gegenteil aus Frustration oder gar Wut. Heute sind die Early Mover oft junge Menschen, die sich kopfüber in ein Gebiet stürzen, das sie frustriert. Ein gutes Beispiel dafür ist der Musiktauschdienst Napster. Als dieser erfolgreich lief, begannen die großen Musikfirmen, Anwälte zu engagieren, um das junge Start-up zu bekämpfen. Aber das war eine dumme, kurzsichtige Idee. Als Reaktion auf diesen Unternehmensfeldzug entstanden unzählige erfolgreiche neue Geschäftsmodelle. Ein Paradebeispiel ist Spotify, wo User auf rund 35 Millionen Songs zugreifen können. Heute ist der Austausch großer Datenmengen via Filesharing eine weitere Technologie/ein Produkt/eine Dienstleistung, die wir lieben und für selbstverständlich halten. Travis Kalanick und Garrett Camp, die Mitbegründer von Uber, haben ihren Mitfahrdienst nicht gestartet, weil ihnen Transport oder Logistik so am Herzen lag. Sie gründeten das Start-up, weil sie es satt hatten, kein Taxi zu bekommen. Es mag sein, dass Kalanick und Camp es heute lieben, Uber zu leiten, aber die Firma entstand, weil zwei junge Menschen damit unzufrieden waren, wie die Dinge liefen. Aber auch das beschreibt nur die Einfachheit der Geschäftsmodelle und das Gute daran ist, dass dies nur die eine Seite der

Medaille ist. Da es auf den Werten von Kalanick aufbaut, wird sich Uber anderen Herausforderungen in unserer sich wandelnden Welt stellen. Obwohl wir noch nicht so weit sind, ein humankapitalistisches Modell zu entwerfen, ist Wachstum unter Negierung aller menschlichen Aspekte nicht gesund und wird bestraft. Aus meiner Sicht ist es so: Entweder passt sich Uber an oder findet jemand anderen für die Unternehmensleitung oder die Firma wird schließlich durch ein anderes Unternehmen ersetzt werden. Das einfache Geschäftsmodell ist jedoch auf Dauer angelegt wie jene Konzepte von Pionieren wie Pirate Bay oder Napster.

Wenn du dich umhörst, wirst du viele erfolgreiche Unternehmer finden, die zugeben, dass sie nicht immer lieben, was sie tun. Innovatoren, Kreativkünstlerinnen oder technische Genies können sich im Geschäftsleben verlieren mit seinen Meetings und Berichten sowie all den Verantwortlichkeiten, die mit der Führung einer wachsenden Organisation verbunden sind. Die meisten von ihnen entscheiden sich dafür, genau das zu tun, was sie tun, und würden es für nichts auf der Welt hergeben. Viele haben Wege gefunden, ihre Organisation und alles, was damit verbunden ist, zu lieben. Aber Liebe ist keine Voraussetzung. Auf lange Sicht ist das, was Gründerinnen, Künstler, Innovatoren am meisten schätzen, mit großartigen Menschen zu arbeiten, starke Teams aufzubauen und tiefe, produktive Beziehungen zu pflegen. Wenn dies von Anfang da ist, wird die Liebe durchscheinen in dem, was du tust, und sie wird stärker werden. Der Punkt ist, dass du jeden Morgen aus dem Bett aufstehst und intrinsisch motiviert bist, dich wohlfühlst mit dem, was du tust. Wie Steve Jobs sagte: »Wenn nicht, suche weiter.« Die Liebe – wenn sie da ist, wenn sie wächst und sich vertieft – ist ein Bonus.

So wie Uber einst durch ein Brainstorming entstand, von Frustration getrieben war und sich zu einem Multimilliarden-Dollar-Unternehmen entwickelte, gründeten viele Unternehmer ihre Unternehmen aus dem Wunsch heraus, das Bestehende zu verbessern. Genervt davon zu sein, wie Dinge laufen, ist die treibende Kraft. Und das kann am Ende zu etwas führen, das wir lieben. Rechtsberatung (Anwälte), medizinische Beratung (Ärzte), Anlageberatung (Banker) – es gibt immer noch viele Bereiche, die uns frustrieren, obwohl sie eigentlich dafür gedacht sind, unser Leben besser zu machen. Wenn du es nicht änderst, wird es jemand anders tun.

Dies sind alles keine endgültigen Antworten auf Fragen, die du vielleicht hast; ich kann dir kein Universalrezept für Glück und Erfolg an die Hand gegeben. Mit diesen Kapiteln wollte ich jedoch dein Denken ein wenig beeinflussen, neue Fragen in dir wecken, die (neue) Antworten für dich und dein Unternehmen ermöglichen, und vor allem zu neuen Fragen führen. Die Welt des wilden Wissens wird in naher Zukunft nicht gezähmt werden und das öffnet die Tür zu einer Welt voller Möglichkeiten – keine Ängste, keine Frustrationen, sondern Chancen.

Wenn du dieses Buch zuklappst, wäre es toll – und es würde mich freuen –, wenn du erkennst, wie besonders es ist, ein Mensch zu sein; das Gegenteil von einem »Unmenschen«. Denke über deine Ideen nach und sprich sie laut aus. Überlege intensiv, wie du anfangen kannst – vielleicht gemeinsam mit einer Gruppe von Menschen, die ganz anders denken als du – oder besser gesagt: *Fang einfach an*. In unserer neuen Realität musst du die »Vereinfachung« meistern und neue Fragen suchen. Beziehe praktische Philosophie in deinen Geschäftsalltag mit ein, lerne, Werte und Emotionen zu schätzen, und mache die Erforschung deiner eigenen unterschiedlichen Rollen zum Mittelpunkt deines täglichen Handelns.

Ein letztes Geheimnis: Teile und sei interessiert

Stay foolish, stay playful (Disney, Steve Jobs, Pixar) und teile – du kannst loslassen. Hör auf, dich selbst so wichtig zu nehmen! Höre deinen Mitmenschen aktiv zu und spiegle sie, indem du ihre Worte und Emotionen wiederholst. Teile auch deine Erlebnisse und Erfahrungen, damit andere ebenfalls ihre Denkprozesse strukturieren können.

Erfolg ist am schönsten, wenn man ihn teilt – wenn alle Gewinner sind und man gemeinsam die Freude genießt. Bessere Menschen als du selbst können einen großen Beitrag zu deinem Unternehmen leisten. Hab keine Angst, sie einzustellen. Menschen zu finden, die deine Leidenschaft teilen, kann vorteilhaft, ja sogar notwendig sein, um deine Ziele zu erreichen.

Ein wesentlicher Schlüssel, um mit der Geschwindigkeit und Komplexität von heute umzugehen, ist, dein Team und alle um euch herum wissen zu lassen, dass du dich immer im Lernmodus befindest. Führungskräfte, die zugeben, dass sie nicht alles wissen, sondern nach Antworten suchen, haben etwas sehr Reales und Ansprechendes an sich. Wenn du interessiert bist, wirst du interessant sein. Interessiert = interessant. Die Menschen bewundern Mentorinnen und folgen Leadern, die zuhören und zeigen, dass sie tatsächlich ein oder zwei Dinge dazulernen können.

Hab eine klare Vorstellung davon, wohin die Dinge gehen sollen, artikuliere sie leidenschaftlich und setze dann ein Zeichen, indem du Maßnahmen ergreifest, um sie zu verwirklichen. Fühle, wohin du gehen willst, und sei echt in der Art und Weise, wie du dies kommunizierst. Wissen, und somit auch wildes Wissen, ist eine Ressource, die sich multipliziert und vervielfacht, wenn sie geteilt wird – eine unendliche Ressource. Eine, bei der wir wirklich nicht darüber nachdenken sollten, sie zu nutzen. Du musst das Leben leben, das du selbst wählst; du musst deine Beziehungen, dein Unternehmen und deine Karriere leben.

TEIL V
KLARER DENKEN, ALS DIE REVOLUTION ERLAUBT

Die Welt hat sich verändert; uns wird gesagt, was wir essen sollen, wie wir abstimmen sollen, was wir sagen sollen, was wir denken sollen, und das führt dazu, dass wir nicht mehr selbst denken. Wir treten ein in eine neue Ära der Philosophie. Wir befinden uns in einer Zeit der Veränderung, einer Zeit der Krise, der unbegrenzten Möglichkeiten, der Rebellionen, einer Zeit der Normalität und Abnormalität, der Differenz, der Vielfalt, alternativer Lösungen und Kreativität. Doch die Veränderung wird nicht von »oben kommen«, keine Politikerin, kein Leader, kein Individuum wird der Changemaker sein. Es ist die Ära des Menschen, der Beginn der Unendlichkeit sowie der permanenten Revolution und Improvisation hin zu unendlichem Wissen und Wandel. Die Philosophie in ihrer ursprünglichen Form, als Sokrates Platon und Aristoteles zum ersten Mal unterrichtete, wird uns durch die Zeiten des Wandels führen. Heute werden Philosophen überall gebraucht und stehen bald auf der Gehaltsliste jeder Organisation.

Das alte neoklassische Modell des Kapitalismus ist tot, unser Bildungssystem ist zerstört, wir bilden immer noch Industriearbeiter aus für das 20. Jahrhundert und unsere politischen Parteien bedienen zwei Seiten: Zum einen das pseudodemokratische Wertesystem und zum anderen die

Populisten (»Populismus« ist abgeleitet von dem lateinischen Wort, das »für Menschen« bedeutet) – alles ist total durcheinander. Unsere Fähigkeit, nachzudenken und zu denken, wird von den Kräften des Dogmatismus und Populismus überschattet, sie alle sind Ergebnisse der Technologie, des Internets, der künstlichen Technologie, forciert von Interessengruppen innerhalb der Elite der Finanzwelt und selbst ernannten Leadern. Das Problem sind nicht die Politiker oder Leader, sondern das System, das diese Menschen an die Spitze zwingt, auch wenn sie nicht dazu bestimmt sind, dort zu sein. Aber wir können es besser machen und das werden wir auch. Es geht nicht darum, die Uhr zurückzudrehen und Demokratien durch Diktaturen zu ersetzen, sondern im Gegenteil: die Menschen darauf vorzubereiten, zu wählen und auf weitere Demagogen hinzuweisen.

22. LASST UNS ZUERST DIE BILDUNG VERBESSERN

Bildung ist uns wichtig, wir sprechen viel über Bildungssysteme, über den Erwerb der richtigen Fähigkeiten und die Vorbereitung von Schülern auf die reale Welt. Dass Menschen durch ihre Schulnoten geprägt und beeinflusst werden, steht außer Frage. Viele denken heute noch, dass sie etwas nicht oder kaum können, weil sie vor Jahren in einem bestimmten Fach in der Schule schlecht abgeschnitten haben. Wir glauben immer noch, dass wir ein Spiegelbild dessen sind, wie wir in der Vergangenheit gehandelt und reagiert haben. Stattdessen müssen wir uns bewusst machen, wie wir auf das *Hier und Jetzt* reagieren. Wir profitieren davon, wenn wir uns darauf konzentrieren, wie wir unsere Emotionen »wählen«. Wir können natürlich immer auf etwas Besseres hoffen und träumen, aber wir müssen verstehen, dass unser Bewusstsein jetzt alles ist, was wir beeinflussen können, weil es alles ist, was wir haben.

Wir können und sollten unsere Bildungsmodelle ändern. Junge Menschen brauchen eine frühzeitige Ausbildung in sozialen Fähigkeiten und moralischen Fragen. Wir müssen ihnen die Hyper-Neugier vermitteln und dieses Verlangen mit Konzepten des kontinuierlichen Lernens befriedigen, die von Technologie unterstützt und angetrieben werden.

R. I. P. Old-School-Modelle, die uns beibringen, wie man Metalle zähmt, obwohl es keine Arbeitsplätze mehr als Industriearbeiter gibt. Bye bye, Idee der fixen Modelle, dass es ein Ende des Lernens geben könnte; willkommen neue Modelle des lebenslangen Lernens, anhand deren wir lernen, wie man lernt und denkt – und nicht: was. Wie können langweilige Schulen mit langweiligen Lehrern mit informationsreichen Videos zu jedem erdenklichen Thema konkurrieren – fesselnde Tutorials, die jederzeit und kostenlos online bereitstehen? Wie effektiv ist die atemberaubende Klassenarbeit von früher im Vergleich zu einem fesselnden TED-Talk? Wir müssen das Schulsystem disruptieren und zerstören, weil es keinem sinnvollen Zweck mehr dient. Wir müssen es durch ein Modell ersetzen, das uns beibringt, wie wir Erfüllung – »Eudaimonie«, wie Plato sie nannte – finden können. Die Zeit kommt, da Schüler und Studentinnen auf der ganzen Welt fragen werden, warum sie in diese müden alten Gebäude gezwungen werden, wenn all die tollen Lektionen auf YouTube zu finden sind.

Das neue Modell – lebenslanges kontinuierliches Lernen – wird anders sein. Bereits jetzt haben mein Team und ich gemeinsam mit einigen klugen Changemakern begonnen, neue Modelle für Corporate Education aufzusetzen, zudem arbeiten wir am Aufbau eines neuen Schulsystems für Kinder. Bei der praktischen Philosophie geht es darum, die Weisheit der Vergangenheit zum Leben zu erwecken – Philosophie ist etwas, das man tut, sie sollte anwendbar sein und uns beim Fortschritt für unsere Spezies helfen.

»Als ich fünf Jahre alt war, sagte mir meine Mutter
immer, dass Glück der Schlüssel zum Leben ist.
Als ich zur Schule ging, fragten sie mich, was ich
später einmal werden wollte. Ich schrieb: Glücklich.
Sie sagten mir, ich hätte die Aufgabe nicht verstan-
den, und ich sagte ihnen, sie hätten das Leben nicht
verstanden.«
John Lennon

Wir müssen eine neue Perspektive entwickeln, was unsere Kinder und das Bildungssystem angeht, in das wir sie hineinschicken. In den meisten Fällen studieren, lernen und bewerten wir Dinge, die nach Meinung der Gesellschaft vor einem Jahrhundert wichtig waren. Auf diese Weise versuchen wir, komplexe neue Herausforderungen mit alten, veralteten Modellen zu lösen. Elitestudenten erhalten aufgrund ihres Stammbaums einen bevorzugten Einstieg in die Unternehmenswelt. Und obwohl ich eine gute Ausbildung schätze, gibt es wirklich keinen direkten Zusammenhang zwischen Bildung und der Entwicklung zu einem erfolgreichen Unternehmer oder Unternehmensführer. Man könnte sogar sagen, dass die besten Business Schools viele der größten Business-Denker und Unternehmerinnen verloren haben, weil sie eine voreingenommene »Old-School«-Ansicht davon haben, was einen außergewöhnlichen Unternehmer, eine außergewöhnliche Unternehmerin ausmacht.

Nehmen wir die breite Basis von Menschen in den Blick, die ein mäßig anständiges Leben geführt haben, diejenigen, die nie an den Elite-Universitäten akzeptiert worden wären, die Aussteiger oder Einzelpersonen, die einfach nicht der Norm entsprechen. Beispiele für sie sind unter anderem Henry Ford, Ingvar Kamprad von IKEA, Charles Schwab, Richard Branson, William Hewlett von HP und der großartige Steve Jobs. Ich könnte auch Schauspieler, Filmproduzenten, Künstler, politische Leader und Sportler nennen, beispielsweise George Washington, Steven Spielberg, Walt Disney, Tommy Hilfiger, John Chambers von Cisco und Erfinder wie Thomas Edison, Alexander Graham Bell und Albert Einstein. In seinem Buch *David und Goliath. Die Kunst, Übermächtige zu bezwingen* beschäftigt sich Malcolm Gladwell mit dem Phänomen, dass Underdogs Nachteile in Vorteile verwandeln und die Oberhand erringen. Unser gesunder Menschenverstand lehrt uns, dass unkonventionell Agierende Dealbreaker sein können. Gladwell bezieht sich auf die Arbeit der Psychologen Robert und Elizabeth Bjork von der University of California, Los Angeles (UCLA), die mit ihrem Bjork Learning and Forgetting Lab erforscht haben, wie kognitive Psychologie die Bildungspraxis verbessern kann. Ihre Arbeit zeigt, dass es viele falsche Annahmen darüber gibt, wie wir lernen und wie wir denken, dass wir lernen. Robert Bjork hat 1994 den Begriff der »wünschenswerten Schwierigkeiten« geprägt. Der Gedanke dahinter ist, dass wir durch die Einführung gewisser Schwierigkeiten in den Lernprozess das Gelernte langfristig besser erinnern können. Die Forscher untersuchten, welche Auswirkung wünschenswerte Schwierigkeiten in der Praxis hatten, und fanden heraus, dass viele

Außenseiter trotz aller Schwierigkeiten erfolgreiche Unternehmen aufgebaut und es bis an die Spitze ihrer Branche geschafft hatten.

Standardisierte Tests messen nur eine Art von menschlicher Intelligenz und Schulen berücksichtigen nur wenige Lernstile. Wir beginnen, dies zu erkennen, und es tut sich langsam etwas, aber wir haben noch einen weiten Weg vor uns. So stehen wir immer noch vor der Herausforderung, Technologie und Digitalisierung menschlicher zu machen, gemessen an einem Wertesystem. Wir machen schnelle Fortschritte in der Technologie, und wie ich bereits angedeutet habe, werden wir irgendwann in der Lage sein, unser Gehirn zu verkabeln, um Zugang zu einer völlig neuen Form von Intelligenz zu erhalten. Aber das ist binäre Intelligenz, nicht Bewusstsein oder Gedanken. Die technologischen Fortschritte sind wichtig, aber gleichzeitig müssen wir in der Lage sein, ihre Auswirkungen zu verstehen. Wir müssen uns darauf konzentrieren, den Kern zu erfassen, und uns auf eine Welt vorbereiten, in der wir vielleicht irgendwann vier- oder sogar fünfstellige IQ-Werte messen werden. Für das Wachstum unserer Gesellschaft wird es von wesentlicher Bedeutung sein, dass unsere Leader (und nicht nur sie, sondern wirklich alle Menschen) von klein auf in den Grundwerten von Leadern (und Menschen) geschult werden. Und wir müssen *jetzt* anfangen.

Für mich ist es kein Problem, meiner achtjährigen Tochter Zugang zur Technologie zu ermöglichen – ihr ein Smartphone zur Verfügung zu stellen, ihr eine E-Mail-Adresse und eine Apple-ID einzurichten. Kein Problem, solange ich mir immer wieder die Zeit nehme, ihr verstehen zu geben, dass es notwendig ist, soziale Bindungen zu anderen aufzubauen, und dass Technologie nur ein Teil des Lebens ist. Sie ist kein *Digital Native*, kein *Millennial* oder Mitglied einer Transfergesellschaft (in der die Eigentumsrechte buchstäblich zur Disposition stehen), aber sie ist mit der digitalisierten Welt aufgewachsen und mit ihr vernetzt. Dieses Konzept von sozialer Intelligenz und EQ ist etwas, das durch das Bildungssystem angeboten werden muss.

Uns begegnet heute ein Extremismus, der ein technologisches (oder Internet-)Phänomen ist. Das Fehlen von realer körperlicher und sozialer Zugehörigkeit wird ausgeglichen durch das Gefühl der Verbindung, das diese extremen Netzwerke anbieten. Technologie kann sowohl positiv als auch negativ genutzt werden; wir müssen darum ein besseres Verständnis für jene sozialen Aspekte unseres Lebens erlangen, die von Technologie beeinflusst werden, und ein Konzept, wie wir mit dieser Situation leben können und sollten. Wenn uns das nicht gelingt, werden wir alle zu digitalen Dopamin-Junkies, die von der virtuellen Welt abhängig sind. Bereits heute lässt sich eine wachsende Sucht feststellen, die durchaus mit der Abhängigkeit von schweren Drogen vergleichbar ist.

Als potenziell letzte IQ-Generation müssen wir jetzt die Notwendigkeit erkennen, uns dem tatsächlichen Humankapital zuzuwenden und es zu nutzen: EQ und unser Bewusstsein. So können wir in den »Nowism« eintauchen und genießen, was wir jeden Tag tun. So bauen wir die Fähigkeit auf, wildes Wissen zu nutzen, und verfügen über die

Umgebung, die Atmosphäre und die Kultur, die notwendig sind, der Wildnis standzuhalten und sie zu erweitern. In dieser Welt ist es erlaubt, runterzukommen, zu lesen, zu reflektieren, ins Lernen einzutauchen und dies alles in unser tägliches Dasein und unser Bewusstsein zu integrieren.

23. PRAKTISCHE PHILOSOPHIE

Vereinfacht können wir die Philosophie in zwei Säulen unterteilen, in die Kunst des Lebens und in die Kunst des Denkens. Und ich bin zuversichtlich, dass die Philosophie uns den Weg weisen wird, wie wir unser Leben aufräumen können, und sie wird uns dabei helfen, als Menschen zu wachsen und uns zu entfalten. Die Suche nach dem Glück ist der falsche Daseinszustand, stattdessen sollten wir danach streben, immer weniger Probleme zu haben und weniger Kämpfe zu führen. Mit anderen Worten: Das Ziel ist, weniger Zeit damit zu verbringen, unglücklich zu sein, und sich einer »Genügsamkeit« zu bedienen. Nie standen uns mehr Möglichkeiten und mehr Materialistisches zur Verfügung, aber unsere Vorsätze für jedes neue Jahr werden trotzdem immer mehr. Wir sollten lernen, Dinge loszulassen, die uns niederdrücken oder uns, unsere Karriere oder das Unternehmen ausbremsen.

Werden wir alle ein vollkommen ethisches Leben führen? Ich bin kein wirklich spiritueller Mensch, aber ich glaube fest an die verschiedenen Konzepte und Praktiken, die uns helfen zu verstehen, wie wir ein ethisches Leben führen können. Sie sind nützlich im Kontext der Philosophie und für unser Verständnis von Bewusstsein und unserem menschlichen Verstand. Zuerst verstören uns Begriffe wie

»Mystik« (mystisch), »Spiritualität« und »Transzendenz« vielleicht ein bisschen, aber diese Worte finden langsam auch Eingang in unser (Geschäfts-)Leben. Das Problem liegt bei uns mit unseren ganz alltäglichen Erfahrungen, die wir weder richtig wahrnehmen noch schätzen. Hierbei hilft uns der norwegische Schriftsteller Karl Ove Knausgård – der »Alchemist des Gewöhnlichen«, wie die *New York Times* ihn nannte. Er beschreibt, wie angefüllt unser normales Leben mit unsichtbaren Dingen ist, die dramatisch und höchst spannend sind, wenn wir nur genau hinhören oder hinschauen. Es ist schwer, solche Dinge in Worte zu fassen, aber das spiegelt die Situation und die Herausforderungen wider – und ebenso wie neue Terminologien aus Technologie und Wissenschaft ihren Platz in unserem Leben gefunden haben, werden dies auch die Begriffe tun, die Spiritualität und Transzendenz betreffen. Wir stehen zu Recht Religionen skeptisch gegenüber. Wir verwenden die Subjektivität der Religion, wenn wir beginnen, Wissenschaft und Spiritualität zu mischen. Einige Menschen werden dies ausnutzen und (alles) ausprobieren. Ob du den alten Religionsmodellen folgst oder dich den Predigern moderner Terminologien anschließt, die Yogi-Pfade und verwandte Rituale verfolgen, oder die Avantgardisten bevorzugst, die Drogen, Pilgertouren oder spirituelle Erleuchtung (allwissend) empfehlen: Teste es selbst und finde neue Wege, es zu beschreiben. Indem wir lernen, wie wir praktische Philosophie in unserem Unternehmen und unserem Leben integrieren können, werden wir lernen, wie wir uns langsam diesen Terminologien annähern können, um sie schließlich als selbstverständlich zu akzeptieren. Aber wie auch immer: Vorher müssen wir uns auf die zweite Säule, auf »die Kunst des Denkens« konzentrieren.

Die Wiederentdeckung der Kunst des Denkens

Etwas ist grundlegend falsch gelaufen: Wirtschaft und Business brauchen Philosophie und Philosophie braucht Business. Seit Jahrzehnten wird Managern und Führungskräften beigebracht, stark, selbstsicher und selbstbewusst aufzutreten; und Experten, die Allwissenden, dürfen keine Schwäche zeigen. Im 21. Jahrhundert sehen wir das Licht der Demut, der Bescheidenheit und der Genügsamkeit. Es ist nicht so, dass wir etwas wissen oder alles wissen, sondern es geht darüber hinaus. Wir akzeptieren und wissen, dass wir sehr wenig wissen.

Verabschieden wir uns von der Illusion des unendlichen finanziellen Wachstums und der unbegrenzten Verwirklichung aller unserer materialistischen Träume. Ich meine damit nicht, dass wir uns von Zielen und harter Arbeit verabschieden sollen. Stattdessen kehren wir in die Agora des alten Griechenlands zurück, wo Wirtschaft und Wissenschaft Seite an Seite existierten. Die Dialoge Platons und die Simplifizierung durch Aristoteles. Eine Balance zwischen dem Intellekt, den Emotionen und dem Spirituellen. Aber die Medien zeichnen oft ein anderes Bild, wie es in verschiedenen Beispielen im gesamten Buch schon deutlich wurde. Überall, wo wir hinschauen, ist alles in Bewegung und manchmal wird die Frustration stärker. Wir suchen und sehen die Dinge auf der Oberfläche und der Druck, alles kontrollieren zu wollen, reißt uns auseinander. Wir ziehen in Städte, damit uns unzählige Möglichkeiten offenstehen, aber je mehr Informationen wir haben und je mehr Türen uns offenstehen, desto weniger Antworten scheinen wir zu finden. Wenn wir uns ansehen, wie weit wir inzwischen gekommen sind, wissen wir, dass durchaus Fortschritte und Erfolge erzielt wurden, aber in Medienberichten wird nur thematisiert, was für ein schreckliches Jahr wir hinter uns gebracht haben. Nord-, Süd- und Mittelamerika sind jetzt frei von Masern, einer Krankheit, die 200 Millionen Menschen getötet hat; die WHO erklärte die Bedrohung durch das schreckliche Ebola-Virus für beendet; laut dem Global Terrorism Index sind die Todesfälle durch terroristische Anschläge im Jahr 2016 um 10 Prozent zurückgegangen; der saure Regen ist wieder auf einem Niveau, das dem der 1930er-Jahre entspricht; und der CO_2-Ausstoß (obwohl wir diesen immer noch deutlich reduzieren müssen) sinkt langsam; und zudem bedingen Kriege im Allgemeinen heute 75 Prozent weniger Todesopfer als die Kriege in den 1980er-Jahren; 100 Millionen Menschen konnten aus der extremen Armut geholt werden (das sind drei Menschen pro Sekunde). Es ist nun an uns, die verlorene Kunst des Denkens und die Fähigkeiten zur Nutzung unseres wilden Wissens wieder zu entdecken. R.I.P. Hans Rosling, wir werden Ihren Traum von einem faktenbasierten Weltverständnis verwirklichen.

Die Philosophie der Philosophie bringt uns zurück zu den Grundlagen, um die Fähigkeiten wiederzufinden, die erforderlich sind, um den Zustand, in dem wir uns befinden, zu reflektieren und zu hinterfragen, und um zu akzeptieren, dass wir nicht alle Antworten haben und auch nicht nach neuen Fragen suchen. Wir verstehen die Wechselwirkungen unserer heutigen Welt und dass wir die anstehenden Herausforderungen nur gemeinsam bewältigen können. Wir sind alle Legosteine, wir sind alle beteiligt und erfüllen die Gesamtheit eines mutmaßlichen und geplanten Meisterwerks. Von Platon über Hegel und Kant. Eine neue Ära der Philosophie steht uns jetzt bevor.

Die verlorene Kunst des Denkens und der Philosophie ist unser treuer Begleiter auf dem Weg des permanenten Wandels, eine Leitplanke, eine fehlende Verbindung zwischen Effizienz, Hyperwettbewerb und Kreation. Angesichts der immer komplexer werdenden Suche nach Einfachheit reichen die vorhandenen Modelle nicht aus.

Unsere Analyse und Erforschung des Gehirns schreitet rasch voran, wir jagen Gedanken und das Bewusstsein und wollen den Geist entschlüsseln. Obwohl Fortschritte erzielt wurden in der Analyse der Struktur unseres Gehirns und neue Entdeckungen durch die Aufteilung der linken und der rechten Hälfte möglich waren, der Nachbau des Gehirns allenthalben weitergeht, ist die eigentliche Definition von Bewusstsein und Geist immer noch flüchtig. Alles, was wir haben, ist das, was wir heute als Bewusstsein definieren – den wirklichen Moment – aufgrund der Verarbeitung unserer Sinneserfahrungen. Unsere Subjektivität und unser Geist. Beim künstlichen Nachbau machen wir hier so gut wie keinen Fortschritt.

Wir müssen weiterhin Fragen stellen und kritisch über verschiedene Aspekte von Wirtschaft und Geschäftsleben nachdenken und zu einem tieferen Verständnis dessen kommen, was Business wirklich ist, was Wissen erbringt und welche Rolle Wirtschaft in anderen Bereichen und Gesellschaften spielt. Wir müssen weiterhin nach plausiblen Erklärungen suchen und neue Fragen in Wissenschaft, Philosophie und unserer Technologieentwicklung entdecken. Hierfür brauchen wir den kritisch-analytischen Geist, der Antworten herausfordert und externe Einflüsse aufdeckt. Jeder CEO und mit ihm das gesamte Unternehmen braucht praktische Philosophie; die Wiedergeburt, wenn man so will, des klaren Geistes. Denn wir brauchen Fragen, keine Antworten – Antworten haben wir genug. Was uns nottut, ist, die Kunst des klaren Denkens zu beherrschen; und die Unternehmen müssen die Kunst – ja die Kunst – des Geldverdienens wiederentdecken, angetrieben vor allem durch neue Fragen.

24. UNSERE ZUKUNFT

Also, was passiert heute in der Wirtschaft, wohin bewegen sich die Unternehmen, wie wird diese neue Welt aussehen und was müssen wir lernen, um uns anzupassen? In früheren Zeiten konnten wir das nur erraten und erschaffen mithilfe der elementaren Affenlogik, mit der wir ausgestattet sind.

Die Schönheit von Geld & Kapitalismus

In seinem Bestseller *Das Kapital des 21. Jahrhunderts* wirft der französische Ökonom Thomas Piketty die Frage auf, ob schon Jesus im Kapitalismus lebte. Obwohl Pikettys Beispiele und Berechnungen bis auf das Jahr null zurückgehen, liegt sein Hauptaugenmerk doch auf Vermögensdaten und Einkommensungleichheit in Europa und den USA in den letzten 250 Jahren.

Piketty glaubt, dass der Kapitalismus, obwohl er gefeiert und bewundert wird, erneut hinterfragt werden muss. Der Kapitalismus wurde nicht extra für uns erfunden noch wird er von einer äußeren Kraft angetrieben. Er ist ein Wirtschaftsmodell, das wir geschaffen haben, eines, das wir gefüttert und gestützt haben, und bis zu einem gewissen Grad funktioniert es bis heute. Aber es fehlt ihm an

Mitgefühl. Bei aller Kritik erkennt Piketty selbst an, dass er ein Kapitalist ist, und wie bereits erwähnt, glaubt sogar der Dalai Lama an das Modell, zumindest solange wir ihm einen Schuss Mitgefühl hinzufügen.

Aber der Wandel kommt und es gibt mehrere große Probleme. Die kapitalistische Matrix als solche ist eine gute Sache, aber sie könnte mit einer gesunden Portion Mitgefühl in der Tat sehr viel besser sein. Ich persönlich wünsche mir ein Wirtschaftsmodell, das dem Wandel Rechnung trägt, das für eine kontinuierliche Entwicklung und ein Wachstum am Arbeitsplatz sorgt, das das Streben nach wildem Wissen belohnt, Chancen für alle bereithält und das Vertrauen in eine positive Zukunft weckt, ja vielleicht sogar eine neue Utopie entwickelt.

Der Wandel wird kommen und praktisch alle Aspekte unseres Lebens tief greifend beeinflussen. Dies erfordert, uns langfristig auf Change-Management und Fehlerkorrekturen zu konzentrieren, da wir in den Mahlstrom des 21. Jahrhunderts gesogen werden. Wir stehen vor enormen Herausforderungen. Und doch bieten sich mit diesen wie immer auch enorme Chancen. Die einfache Frage, auf die wir eine Antwort brauchen, lautet also: »Wohin geht die Reise?« Die Unternehmensdinosaurier – die riesigen Organisationen mit ihren starren Hierarchien und monströsen Bürokratien – sterben. Sie sind überfüllt mit Leuten, die einander alle sehr ähnlich sind. Sie haben den Wandel nicht angenommen und sind nicht für ihn gerüstet. Wir werden beobachten können, wie die Technologie beginnt, ihre Ineffizienzen aufzusaugen. Die Maschinen werden die schwachen Glieder finden, also sollten wir besser gewappnet sein.

Global gesehen ist bis 2060 vielleicht die Hälfte der heutigen Arbeitsplätze von diesem Wandel betroffen. Doch ganz gleich, wie groß die konkrete Zahl am Ende auch sein mag: Parallel zum Abbau erfolgt die Entstehung vieler kleiner, wendiger, hyperresponsiver Unternehmen, die ihre immer spezialisierteren Nischen beherrschen – oder aber wir werden von Mega-Unternehmen absorbiert, die durch ihre Algorithmen alles kontrollieren und in einem permanenten, immer schneller werdenden Optimierungsmodus agieren. Wir werden eine zunehmend interdependente, mikrokapitalistische Gesellschaft werden, in der unzählige kleine Transaktionen durchgeführt werden, vielleicht durch gigantische Algorithmen. Große Unternehmen, die auf die heutigen Strukturen mit ihrem allumfassenden Ansatz aufbauen, werden es schwer haben, relevant und wettbewerbsfähig zu bleiben. Und ihr Untergang wird ein klaffendes Loch hinterlassen in dem kapitalistischen System, das wir heute haben. Denn in dieser Welt bekommt der Gewinner alles – und der Angepassteste überlebt.

Das Ende des Bargelds

Ein Aspekt, der vom Wandel betroffen ist, ist das Geld selbst – oder genauer: das Bargeld. Was bedeutet es, die Verwendung von Bargeld vollständig aufzugeben und alle Regeln, Systeme, Netzwerke und Modelle, die mit ihm zusammenhängen, umzustrukturieren? Rechensysteme werden effiziente Modelle und Lösungen dafür finden, aber wie wirkt sich das auf unsere Gesellschaft aus und auf ihre Akteure – uns Menschen? Bargeld spielt in unserer kapitalistischen Gesellschaft nach wie vor eine wesentliche Rolle – wenn nicht das physische Bargeld, dann doch zumindest der Geldwert. »Cash ist King«, wurde uns eingetrichtert. Der Kapitalismus ist alles. Wollen wir nicht alle wohlhabend sein? Wir haben so oft gehört: »Die erste Million ist die schwerste.« Es ist nicht zu leugnen, dass (Bar-) Geld Dinge erleichtern kann. Für Unternehmer und Unternehmen ist die Verknappung der finanziellen Ressourcen aber oft eine harte, kalte Realität. Wie der Unternehmer und Risikokapitalgeber Peter Thiel in seinem erfolgreichen Buch *Zero to One: Wie Innovation unsere Gesellschaft rettet* schreibt, besteht der Zweck jedes Unternehmens darin, einen positiven Cashflow zu generieren. Um glaubwürdig zu sein und für die Suche nach Investoren müssen Unternehmer einen plausiblen Plan haben, um erfolgreich zu sein, und größere Organisationen drängen ständig auf kurzfristige Erträge, um die Börsen zufriedenzustellen. Das ist die harte Realität. Was aber passiert, wenn wir uns davon lösen müssen?

Wenn wir uns den Banken- und Finanzdienstleistungssektor ansehen, stellen wir fest, dass bereits große Veränderungen in Gang sind. Die Kosten, die mit der Durchführung von Bargeldtransaktionen, dem Befüllen von Geldautomaten und der Sicherheit und Unversehrtheit des physischen Geldes verbunden sind, sind viel höher als die Kosten für die Verwaltung der virtuellen Währung. Und so wird unweigerlich schlussendlich Bargeld abgebaut – vermutlich bis 2050. Die Banken müssen mutiger sein und den Wandel aktiv vorantreiben, wenn sie überleben wollen. Die Herausforderung besteht nicht darin, die Bank der Zukunft zu schaffen, sondern die Frage zu stellen: Brauchen wir überhaupt Banken in der Zukunft? Ja, die Mitarbeiter werden entlassen. Sicher, Banken müssen physische Büroräume schließen und ihre Betriebsabläufe komplett umstellen. Die manuelle Abwicklung von Routinetransaktionen durch Menschen ist eines der einfachsten Dinge, die Technologie ersetzen kann, sodass der Bankensektor schneller und härter betroffen sein wird, als man sich vorstellen kann. Dies ist nur eine der nahen Veränderungen, die wir erwarten können. Vielleicht weckt uns das auf? Vielleicht werden wir diesmal endlich lernen, die beiden »Ismen« unserer Zeit, den Humanismus und den Kapitalismus, zu kombinieren und etwas Besseres zu schaffen. Wir wissen es nicht – aber wir wissen, dass wir handeln müssen.

Bye bye bye bye bye Jobs

Die Frage aller Fragen scheint heute zu sein: »Wie werden wir in Zukunft arbeiten?« Was ist mit meinem Job? Welche Auswirkungen wird es haben, wenn 50 Prozent aller Arbeitsplätze verschwinden? Selbst wenn es am Ende nur 20 Prozent sind, hätte dies extreme soziale Auswirkungen. Wenn man es historisch betrachtet, waren wir während der industriellen Revolution und anderen Zeiten des rasanten Wandels relativ gut darin, alte Arbeitsplätze durch neue in neuen Branchen zu ersetzen. Aber dies geschah durch »Revolutionen« und »Paradigmenwechsel«, bei denen die Autorität von einer Gruppe von Menschen auf andere verlagert wurde. Jetzt geht die Autorität jedoch auf Algorithmen über. In Zukunft werden Jobs aufgabenorientiert sein. Und jedes Mal, wenn du eine Aufgabe für jemanden ausführst, wird die digitale Zahlung direkt auf dein Konto eingehen. Es wird ein völlig anderes Work/Pay-Modell als heute sein, das nur ein begrenztes Potenzial für neue menschliche »Bullshit-Jobs« hat.

Jobs, die auf Zeitbasis berechnet werden, sind tot, die Mikroabrechnung und die Buchungen sind abgeschlossen. Und wir sollten den Gedanken, überhaupt einen Job zu haben, vielleicht komplett aufgeben. Die Wahrheit ist, dass wir wahrscheinlich keine organisatorischen Hierarchien errichtet hätten, wenn wir bei der Strukturierung unserer Wirtschaft vor etwa 250 Jahren besser informiert gewesen wären. Wir hätten wahrscheinlich nicht die Arbeitgeber-Arbeitnehmer-Beziehungen geschaffen, wie wir sie heute haben, sondern alles aufgabenorientiert ausgerichtet – genau das, was wir in Kürze erleben werden. Die Demontage des alten Modells wird nicht einfach sein und es wird eine Menge Scherben geben. Aber wir müssen an diesem Punkt ansetzen, wenn wir unser Wirtschaftssystem an die Realitäten der Zukunft anpassen wollen, während uns die Gegenwart zu einer bloßen Schlacht der Algorithmen führt. Wir brauchen heute neue Ansätze, um für die zukünftigen Szenarien gewappnet zu sein.

Dennoch glaube ich nicht, dass wir bereit sind für die

Art von Utopie, die der amerikanische Autor Daniel Pinchbeck in seinem Buch *Den Kopf aufbrechen* beschreibt. Pinchbeck imaginiert eine Welt, in der wir von der allgegenwärtigen Kontrolle durch paternalistische Autoritäten zu einer breiten sozialen Teilhabe und Freiwilligenarbeit übergehen, wodurch das wahre Potenzial der Menschen freigesetzt würde. Und obwohl ich in der jüngeren Generation den Wunsch sehe, in offenen, partizipativen Kulturen zu arbeiten, sieht es doch nicht so aus, als würden sie uns in Pinchbecks Utopie führen.

Allerdings fällt es mir persönlich wirklich schwer, mir einen aktuellen Job vorzustellen, der theoretisch nicht durch einen Algorithmus ersetzt werden könnte, also brauchen wir einen neuen utopischen Weg, an den wir glauben können. Die einfache Logik dahinter ist, dass alles, was wir geschaffen haben – Strukturen und Modelle – nur in unserem Kopf existiert. Wir haben es uns ausgedacht und Modelle drumherum erstellt. Es ist nicht real. Es gibt keine Unternehmen oder Staaten als solche, wir haben uns nur auf diese Modelle geeinigt und sie funktionieren, solange wir alle damit einverstanden sind. Das Einzige, worauf wir uns hinsichtlich der »Realität« beziehen können – auch wenn wir nach allem, was wir wissen, bereits in einer Art Illusion oder virtuellen Welt leben –, ist das, was über die Fähigkeit verfügt, zu leiden oder zu lieben. Alles andere, was wir erfunden haben, kann durch Algorithmen repliziert und erneut aufgebaut werden. Was wird dann sein? Die Arbeitsplätze, die kurzfristig am ehesten ersetzt werden, sind diejenigen, bei denen die wirtschaftlichen

Auswirkungen hoch sind, hier werden die Investitionen hinfließen, deshalb werden sie zuerst betroffen sein.

Dennoch sollten wir uns keine Sorgen machen, zumindest kurz- und mittelfristig ist die Automatisierung und die Verbreitung von KI von Vorteil, sie wird uns befreien. Aber Kern bleibt: Wir wissen es einfach nicht – die Zukunft wird geschaffen und es liegt an jeder Einzelnen und jedem Einzelnen von uns, die Revolution im Denken zu übertreffen und die Welt zu erschaffen, in der wir leben wollen. Auf diese Weise wird es uns besser gehen.

25. EIN GLOBALES MODELL

In einer vernetzten und interdependenten Welt müssen wir rasch globale Strukturen und Modelle ausbilden. Ein Anfang ist das viel diskutierte universelle, bedingungslose Grundeinkommen. Finnland hat es getestet und ich denke, wir sollten es ebenfalls ausprobieren. Schon bald würde man von den ersten Menschen hören, die zuvor stark unter den Bedingungen der Arbeitslosigkeit und den Unsicherheiten eines »alltäglichen« Lebens litten, nun jedoch weniger gestresst und somit in der Lage wären, die Gesellschaft mitzugestalten und sich einzubringen. Die ersten Auswirkungen, zumindest für die Länder der westlichen Welt, werden meiner Meinung nach sehr positiv sein. Mit dem Volkseinkommen kann Europa, zumindest anfangs, eine Vorreiterrolle bei der Erforschung und Neugestaltung des Modells für die Welt übernehmen. Wir haben die Nationalstaaten längst hinter uns gelassen, und obwohl wir ein paar Nachwehen des Nationalismus erleben, glaube ich, dass dies eine kurzsichtige Perspektive ist, da wir uns auf dem Weg zur globalen Interdependenz befinden. Es versteht sich von selbst, dass diese universellen Modelle von Metropolis, unserem globalen Dorf, Auswirkungen auf unser Leben und unsere Wirtschaft haben werden. Es wird neue Fragen und Herausforderungen geben, das wilde

Wissen wird gedeihen. Und die Unterstützung wird wieder in der Philosophie zu finden sein, denn die Führungskräfte von morgen werden zu Gestaltern des Wandels.

Aber wir müssen uns der Herausforderungen dieser Modelle bewusst werden. Obwohl sie vielleicht gut aussehen, haben sie (zumindest in den aktuellen Strukturen) auch eine Kehrseite. Die Länder, die von der Automatisierung am stärksten betroffen sein werden, werden zunächst die Länder sein, die wir aus der Armut befreit haben. Da die Produktion zurück in die USA und nach Europa verlagert werden wird, ist es höchst unwahrscheinlich, dass eine Art »Social Base Income Taxes« als Ausgleich in diese Länder fließt. Dennoch müssen wir diesem Weg folgen und ihn ausarbeiten. Also, worin wird die Lösung bestehen? Halten wir uns an das wilde Wissen, denken schneller als die Revolution und lassen uns von unserem kreativen Potenzial und unseren Ideen den Weg weisen.

Wir werden nur dann erfolgreich sein, wenn der Optimist den Pessimisten überholt, da sich die Technologie immer schneller vorwärts und aufwärts bewegt. Der Vorteil des Optimisten beziehungsweise der Optimistin besteht darin, dass er oder sie neugierig bleibt und *nicht* gegen Veränderungen opponiert. Unser Gehirn ist faul, birgt aber ein unendliches Potenzial. Niemals war der Abstand zwischen den Generationen (den 40- und 20-Jährigen) größer. Und wie anfangs gesagt: Die größte Herausforderung besteht darin, dass die über 50-jährigen weißen Männer mit den maßgeschneiderten Anzügen und Krawatten in Führungspositionen heute neugierig bleiben. Man könnte meinen, dass die Globalisierung ihren Höhepunkt erreicht hat und sich jetzt verlangsamt, aber dafür gibt es keine Beweise. Geschwindigkeit ist der Haupttreiber im 21. Jahrhundert. Auf absehbare Zeit wird zumindest die Komplexität zunehmen und die Digitalisierung weiter exponentiell fortschreiten – schneller und schneller in aller Unendlichkeit.

Ob wir optimistisch oder pessimistisch in die Zukunft blicken und unabhängig davon, wie dramatisch sich die Dinge verändern werden: Menschen werden weiterhin im Business aktiv sein. Wir stehen vor radikalen Veränderungen, nennen wir es ruhig eine Revolution, wenn wir Menschen es so wollen. Direkt vor uns liegen neue Chancen und Herausforderungen. Es wird definitiv nicht so, wie es einmal war. Der Energiesektor, das gesamte Ökosystem rund um unsere Städte und die Art und Weise, wie wir mit Konsum umgehen/mit ihm arbeiten, wird unser Leben verändern, wie wir es noch nie zuvor erlebt haben. Als Unternehmer, Führungskräfte, Managerinnen und Mitarbeiter haben wir die Möglichkeit, während der nächsten zehn Jahre die Kontrolle und Nutzung der Technologie zu übernehmen, um das 21. Jahrhundert zu meistern und somit alle zu Gestaltern des Wandels zu werden.

ZUM ABSCHLUSS

Es war meine Berufung oder doch Liebe und Passion – ein Wirtschaftsphilosoph zu sein, ein ehemaliger Hardcore-Kapitalist, ein Denker in der modernen Welt, ein Entdecker, der Wissenschaft und Technologie erforscht, ein Teambuilder und ein Agent des Wandels. Ich bin fasziniert von diesem Ort, an dem das darwinistische »Überleben des Fittesten« auf den Sexappeal brillanter Gedanken trifft. Ich beschäftige mich mit der Kunst des Denkens, der Praxis der Philosophie, der Lebenskunst, der Offenbarung im Chaos des wilden Wissens.

Ich sage es noch einmal: Wir brauchen Philosophie heute mehr denn je. So unwahrscheinlich es auch klingen mag, es sind aufregende Zeiten, ein Student der Kunst des Philosophierens zu sein. Wenn wir zurückblicken und uns der Zukunft zuwenden, stellt sich nicht die Frage, ob die alten Gedanken richtig oder falsch sind, sondern wie sie im 21. Jahrhundert angewandt und effektiv genutzt werden können, um neue plausible Erklärungen zu finden für das, was wir als Realität definieren. Sie sollen uns dabei helfen, neue Fragen zu entdecken. Was würden Platon, Hegel, Hume, Nietzsche, Kant, Marcus Aurelius, Seneca oder Epictetus denken, wenn sie heute leben würden? Ein Problem dieser hektischen Zeiten ist, dass wir nicht denken, dass wir nicht innehalten und nachdenken, dass wir einfach nicht die Zeit haben. Als ich dieses Buch in einem Café in Frankfurt beendete, fielen mir Zeilen von Goethe wieder ein: »Ich schreibe diesen langen Brief, weil ich keine Zeit finde, einen kurzen zu schreiben.« Das fasst unser Dilemma ziemlich gut zusammen. Es scheint, dass der Zugang zu praktisch unbegrenzten Informationen uns daran hindert, das Offensichtliche zu sehen, auch wenn die Antworten vor unseren Augen versteckt sind – das, was wir heute noch als das Unbekannte bezeichnen.

Für Führungskräfte auf der ganzen Welt, für alle Gestalterinnen des Wandels kommt es jetzt darauf an, die Philosophie der Vergangenheit mit den wissenschaftlichen Erkenntnissen und der Technologie von morgen zu verbinden und es von Herzen zu tun. Wir sind jetzt bereit, das volle Potenzial des wilden Wissens auszuschöpfen.

Frankfurt am Main, September 2019
Anders

Ich freue mich über dein Feedback an
ai@businessphilosopher.com

Social Links:
https://www.instagram.com/andersindset/
https://www.facebook.com/andersindset
https://twitter.com/Andersindset
https://www.linkedin.com/in/andersindset/